青春文学精品集萃丛书·

U0638870

我们的
光荣与梦想

《中学生博览》杂志社　选编

时代文艺出版社

图书在版编目（CIP）数据

我们的光荣与梦想 /《中学生博览》杂志社选编.
-- 长春：时代文艺出版社，2022.3
　（青春文学精品集萃丛书. 年轻的我们系列）
　ISBN 978-7-5387-6613-4

　Ⅰ.①我… Ⅱ.①中… Ⅲ.①作文－中学－选集
Ⅳ.①H194.5

　　中国版本图书馆CIP数据核字(2022)第024450号

我们的光荣与梦想
WOMEN DE GUANGRONG YU MENGXIANG
《中学生博览》杂志社　选编

出 品 人：陈　琛
责任编辑：王　峰
装帧设计：孙　利
排版制作：隋淑凤

出版发行　时代文艺出版社
地　　址：长春市福祉大路5788号　龙腾国际大厦A座15层　（130118）
电　　话：0431-81629751（总编办）　　0431-81629755（发行部）
官方微博：weibo.com/tlapress
开　　本：650mm×910mm　1/16
字　　数：135千字
印　　张：11
印　　刷：永清县晔盛亚胶印有限公司
版　　次：2022年3月第1版
印　　次：2022年3月第1次印刷
定　　价：38.00元

编 委 会

Contents
目　录

少年向光而生

给你一个好故事

我们
的光荣与梦想

你是我的英雄

不是没有明天

目
录

《《《

少年向光而生

七个月童话

纯　白

　　我枕着手臂躺在床上，在流淌着寂静气息的夜色中努力睁大双眼盯着天花板，直到双眼发涩。突然听到上方一声清脆的硬币落地的声音，在一片黑暗中，似惊蛰。接着是一阵丁零当啷玻璃和什么硬物被扫落发出的哀鸣，还有听不太清的喧闹声。沉闷压抑得让我有些喘不过气，只感觉眼角有什么温热的液体悄然滑过，然后，狠狠地砸向床沿。

1

　　好像是从一个并不明媚的春天开始，我便一个人生活了，每天背着很大却很空的双肩包，穿行于学校和住所之间。之所以不叫家，是因为它已不再是寄托我情感的地方了，而对于它名义上的男主人和女主人更确切的来说，这里是一个驿站——累了，来歇歇脚；偶尔，还添上一两件设施供以娱乐。仅此而已。

2

我开始愈发沉默，对所有人。除了对我的猫——罗丝。

罗丝是只老猫，它跟我生活了七年，却始终学不会乖巧。平日它总是高傲地从我的面前走过，不屑地看着我脱下校服换上不伦不类的服装；不屑地看着一向怕疼的我义无反顾地在耳朵上打了一个又一个洞，戴上银白色闪着光的耳钉；不屑地看着我对所有人恶语相向，封闭自己；不屑地看着我违背心愿，然后一点儿一点儿溺死在悲伤的河里……

我明白，此刻自己俨然就像因纽特人眼中那愚蠢的北极熊，一边用冰冷麻痹的舌头贪婪地舔舐着自己的鲜血，一边试图感知那缥缈的欢乐。我也知道，再退一步就是万劫不复的深渊，可我还是心甘情愿并且乐此不疲，用冷漠的方式来下一场赌注，赌他们的不离开。我的筹码只有我自己，如果输，我就只剩下一个人了。

3

"小恩，我和你爸决定分开一段时间，你是要跟我住还是……"

"我哪儿也不去！"

"这不行……"

"我说了，我哪儿也不去。"

"我感觉你好像有点儿不对劲，小恩，有什么话一定要说啊，不要老憋在心里……"

"好了好了，还有其他事吗？没有我挂了。"

"那你照顾好自己啊……"

"嘟……"

挂了电话，我有点儿想哭。但转眼看到罗丝投来的不屑目光，又生生忍住了。在电视机前静坐了一会儿，我突然觉得，罗丝这只猫好像是蛮有灵性的。那一刻，我在心中做了一个决定。

我走到它身边，刚想诉说自己的心事，它便一溜烟不见了。我只好去冰箱拿了条小鱼丢给它，以此挽留。看它津津有味地吃完小鱼，我正欲一倾苦水，谁料它竟然又开溜了，任凭我紧追不舍也不肯回头。我气急败坏地一把扯住它的尾巴，它更狠，一个漂亮的转身之后就给了我一个"降龙十八爪"……

我捂着脸看着镜子里的自己和那三道血淋淋的爪痕，突然就笑了。

我才发现，原来自己笑起来也是挺好看的。只不过……这三道猫抓痕有点儿惨不忍睹啊，还有，以前怎么没发现这身衣服我穿起来其实……很丑？

我换上久违的校服，往镜子前一站，好像还是怪怪的。接着，我摘下耳钉。

嗯，这样才漂亮嘛。

4

我摩挲着日记有些泛黄的纸张，一页一页小心地翻动着，生怕惊扰了自己当时的脆弱心情。

要我怎么去原谅你们给的伤害，你们不知道它至今还在隐隐作痛，而且会一直都在。

2012年11月15日

看到这句话，我抿唇微笑，提笔写下：

　　一、如果无法原谅就选择遗忘吧，这是释怀伤痛最好的办法；二、请松开你死死揪住过往的手，让它随风远去，带着所有的不快乐；三、不论是多顽固不肯痊愈的伤都不会永远存在，至少现在，它已经消失了；四、这不是一场你死我活的赌局，所以你没有输，你也不会失去任何人；五、你得感谢罗丝这只猫，毕竟是它抓碎了围困你整整七个月的城；六、一切都会过去的，我亲爱的傻小孩儿。

2013年6月15日

5

又是一个阳光明媚的清晨，电话铃响。

"喂？"

"小恩，是妈妈。家里一切还好吧？吃过早饭了吗？"

"嗯，你呢？"

"我也吃过了。我想和你说件事。"

"听着呢。"

"我们……决定离婚了。"

"哦。"

"小恩，你不会怨我们吧？"

"不用担心，我……我会照顾好自己的……"

"那就好，我们刚才还担心会不会给你造成伤害，这样我就放心了……小恩，谢谢你。"

……

我缓缓放下电话，眼角微微湿润。

爸、妈，你们一定要好好的，要过得很幸福，这样才对得起我啊……

抬起头时，阳光正好，温馨地弥漫在我的小家里。罗丝正窝在躺椅上睡着懒觉，看它的表情，那么香、那么甜，不知是不是梦到红烧小鱼了呢？真好。

一杯阳光我已微醉

黑猫籽籽

开学已经有三个星期了。此时此刻的我，安静地坐在属于我的高中教室里，写下这些文字，以此来纪念我那似一米阳光般美丽又转瞬即逝的初中年华。

阳　　光

"那一年盛夏，心愿许得无限大，我们手拉手也成舟，划过悲伤河流……"塞着耳机，眯起眼躺在学校操场的草坪上，感受下午5点10分的阳光。丫丫坐在一旁边翻漫画边训我："犯什么傻，在操场这么显眼的地方，如此张扬地听随身听？"

我微笑着望向湛蓝的天空，阳光暖暖的，天空大大的。这不正是我一直以来都渴求的日子吗？可是为什么，我的心里总有那么一点儿不大不小的忧伤？

透　明

你的初三是什么颜色？

这是一个朋友曾问过我的问题，我也曾无数次思考过这个问题。现在，我找到了答案。

——透明。

在初三那一年里，一切都变得直白明了，都变得真实。没有了初一时的迷茫，没有了初二时的拐弯抹角。没有了一切雕饰，只留给我一个真实残酷的现实。

在初三那一年里，我承受了一场又一场的黑暗风暴。朋友背叛、家人误解、恶语相对、当众挖苦、流言蜚语、厌恶目光……这些，在初三那一年统统强塞给了我，让我一时呼吸困难，变得多愁善感。

然而没有做作、没有敷衍、没有遮掩的日子虽然痛苦难熬，但还是给了我一份纯净美好的成长礼。

奋　斗

在初中，我们班是学校的活宝班级——实验班。学校第一届毕业实验班的名声让我们的地位节节高升，我们班不但是出了名的学习好，且是有名的班风差。不管上课下课都是热热闹闹熙熙攘攘的像在过大年。而鉴于再怎么疯、怎么乱，成绩总是超越别的班一大截，老师和校长都拿我们没办法。

然而就是这样一个活宝级的班级，在"中考"这两个字的镇压下，竟来了个反转，变成了乖巧安静的模样。这，不仅仅是我，也是很多同学老师都意料之外的。

在距离中考还有三个月的时候，像很多"初三党"一样，我们的教室里不再有大呼小叫，不再有打打闹闹，不再有说说笑笑；随身听、小说、漫画、杂志统统被放进箱子里，取而代之的，是安安静静的埋头苦读，是上课下课讨论难题，是放在桌前一本本厚厚的资料书……同学们在初夏的清风中感受着初三的苦与乐、累与泪，感受着整个班同学的心与心相连。

那个时候的我，整日整夜地将自己埋进题海，做完的资料书慢慢积成了堆，桌上压着一张又一张每日计划的彩色便笺，文件夹里鼓鼓地测试卷。

那个时候的我们，个个心怀忐忑与焦虑，用每时每刻都不曾放下笔的僵硬的手，在苍白的志愿表上，郑重地填下那个或许神往已久或许并不喜欢的高中。

于是黑板角落上用红色粉笔每日更改的中考倒计时，成了我们唯一的色彩。

我不知道整个班六十几个学生中，还有谁和我一样，在白日里皱眉算题，在黑夜笼罩时黯然哭泣。

毕　业

"我们的青春，长着风的模样。"不知是谁，在黑板上写下这样的一句话，让我在空无一人的教室里怔愣了很久。

是的，我们毕业了。带着压力与淡淡的忧伤，毕业了。

在看到朋友们一个个蓬勃向上的背影时，我哭了。我的初中，终究给了我多少伤痕，又给了我多少梦想？

一杯阳光

坐在高一（3）班的教室里，与新朋友们说笑。偶然提到××中学的第一届实验班，他们都一脸敬畏，因为那个班六十几个学生，今年中考全部被录取，成了××中学的骄傲，××中学的神话。

阳光就在那个时候悄悄爬上脸颊，我眯起眼，感受夏末的阳光。心里那份不知名的忧伤，只是一种怀念。怀念旧时光。

抛开一切烦恼。

挣脱一切束缚。

我扬起嘴角，举起空玻璃杯，直视阳光。

干杯！为我们逝去的初中年华。

干杯！为我们刚刚开始的青春。

小小的玻璃杯里盛满了阳光，将我的瞳孔折射得五彩斑斓。

一杯阳光，我已微醉。

少年向光而生

蓝 普

我已不大记得那年与你初遇的场景。

唯有七里香馥郁的芳香，在回忆中历久弥新，哪怕事隔多年，逆着时光的甬道看去，仿佛也依然可以触摸到你洗得干干净净、散发着淡淡皂角香味的白衬衫，不忍忘记。

2008年的初夏，我在一所私立中学读二年级。

那时候的我，骄纵，不可一世，仗着年轻以及家中尚有让我挥霍的资本，在学校里像只螃蟹一样横着走。

我每天出门都像是专门去打架似的，没有同龄女孩儿的谨言慎行，她们信手拈来的矜持端庄我也统统学不会。

用时下流行的话来说，我是一个因青春期躁动难耐而无处宣泄的不良少女。

我的脑子里总有稀奇古怪的小算盘，就拿初次相逢的那场闹剧来说，我想，这世上可能不会再有像我这样没头没脑的女生，因为你没有为老奶奶让座而怒火中烧，跳起来就在公共场所给了你一巴掌，那一巴掌可不轻，你的右脸瞬间红起来，眼睛瞪得滚圆滚圆的你，似有不甘。

我也是后来才知道，像你这样文质彬彬、颇有书生气的男孩儿是做不到对让座一事不闻不问的，你是有难言之隐的，你过于沉重灰暗的生命让你缄默。

你是一名失去右腿、直立都稍显困难却依旧对生活充满希冀的乐观男孩儿，那日只因你戴着假肢，而我又实在眼拙才酿成闹剧。

回家以后我万分自责，可面对父母和老师的责难我却一声不吭。

他们通过对我积怨已久的同车校友了解到我"令人发指"的罪行，勒令我以书面形式向饱受委屈的你进行深刻检讨。

可是青春期里排行第一的自尊不允许我这么没骨气。

我偏不。我当着你的面表明自己的观点，我又没做错，凭什么要向你道歉。

我言辞凿凿，嗓门儿大得惊人。

你闻言也不恼，只是好脾气地冲我笑，眉眼弯成新月状，好看得不得了。你说："没事没事，是我不好，没有给老奶奶让座。"

我得寸进尺地看着你，点头如捣蒜，说："就是嘛。"

可你知道吗，那一刻，我内心深处并不是这样想的。

我看着你明媚的笑容，竟破天荒地想要承认自己的错误。

这令我恐慌，毕竟飞扬跋扈的十几年生命里，这种异样的情绪从未有过，从不曾来干扰我的生活。

可谁知它来势汹汹，竟要我软化周身的硬刺，以惩戒我的言不由衷。

那之后我就情不自禁默默地关注你。

寝室、课堂和餐厅，从我多日总结的尾随笔记来看，你几乎过着三点一线的生活，并以此感到安逸，乐此不疲，每日天不亮就端坐在黑板前，饭点时也总是一马当先。

老实说，我觉得你真可怖。

可有句话不是说，为了梦想执着于远方的人，无论他何其卑微，都是值得被尊敬的。

你就是那样的人。

在那段最兵荒马乱的青春里，由最开始的无法理解，渐渐成为我日后始终如一的信仰。

我有没有告诉过你，我有多么仰慕你，就像太阳花面向太阳。

你就是我的光芒，给我穿越黑暗的力量。

我想，这些我统统没有告诉过你吧。

皆因初次相逢的那场闹剧。

因为年轻时那颗永不服软的心。

那么，事隔多年，我又一次在这样一个充满着七里香馥郁芬芳的夏日午后还原这份记忆，并道一声真挚的"对不起"给最亲爱的你。

嗨，向光而生的少年，这一切是否还来得及？

你是否还愿意接受？

我的好兄弟

路博文

炎热的水泥球场上，谢天宇正带球冲进三秒区内，飞身一个三步篮，不幸球未进。我抢下篮板，传给站在外线的孙默——"唰"的一下，球从三分线外直入篮筐，我们仨同时打了一个胜利的手势……

男孩子大都爱篮球，而我更爱面前这两个陪了我十五年的兄弟。

从幼儿园开始，我们仨就在同一个班。最先熟络起来的，其实是我们的爹娘，他们每天几乎同一时间出现在幼儿园门口，看着我们仨撒欢似的奔向他们，把小书包往他们手里一甩又像三只小狗一样扭打在一起，便一边拉架一边互相致歉，那情形相当有喜感。

俗话说，冤家路窄。升入小学后，我们仨竟又被分到了同一个班。

但不知道从什么时候起，谢天宇从"一只小老虎"变成了一个深沉的孩子。他开始读很多我们根本不会去碰的书，因为懂得多，他渐渐成了班里的孩子王，班里重要的事情都由他负责，需要做决定的时候都听他的，就连玩什么游戏都是他来拿主意！饱读诗书、成熟帅气，再加上与生俱来的领导力——嗯，这孩子明显早熟啊！但女孩子好像都喜欢这个品种的人类——男神！作为男神的朋友，真心有必要提醒一下那些迷途的小花痴，《小学生守则》里写得清清楚楚，不许谈恋爱，暗恋也不可以！男神是我的！要不为什么我每天和男神嘻嘻哈哈地一起回家老师就不找我谈话哪？！

有一个好玩的谜语给你猜猜，咱先说好了，猜着了可白猜——一只黑狗，不叫不吼，打一字——默呀！我兄弟的大名。可是孙默兄弟绝对人非其名！此君开朗得很，估计送到精神病医院，医生不用诊断就能把他给收治喽。每次打完游戏他都说以后再也不玩了，于是统统删掉，可再想玩时，犹豫都不会犹豫一下，重新下载！为此，他爹没少对他吹胡子瞪眼："男子汉，说话要算数！""男子汉，要有意志力。""男子汉，要以学习为重，不然以后谁愿意跟你！"

"以后？以后太久，只争现在！现在咱身后就不乏妹子的身影啊，猫吃鱼，狗吃肉，奥特曼一定会找到愿意挨打的小怪兽！"他爹听完，不禁气消，嘿嘿笑了，"这小子，真是我儿子！"有其子必有其父！

小沈阳曾经教导我们说："前方大路一起走，哪怕是河也一起过，苦点儿累点儿又能算什么？"所以作为他们的好朋友，在看到他们选择理科的时候，我坚定地、义无反顾地、不容置疑地、毫不犹豫地选择了……文科！前方大路可以陪你们一起走，但是河、河……河里有水啊，哥不会游泳！

再后来，一晃就高三了，尽管不再在同一个班，我们仨下课依然一起打篮球，周末依然聚一起玩《三国杀》。据说，打篮球可以提高学习效率，玩《三国杀》可以在高考中过关斩将！（本言论纯属原创，如有雷同，实属故意！）

那天玩儿完《三国杀》，我们去吃烧烤，烟熏火燎中心照不宣地意识到这样能在一起疯狂的日子所剩无几了。十五年的情谊不是一两句话就能表达的，所以谁都没有说什么，只是咳嗽声里有种想哭的腔调儿……

我希望高考来得快一些，再快一些，把堆积在心底的陈年压力统统扫出去；但我又希望时间走得慢一些，再慢一些，我和我的兄弟永远不分离……

梅茜和滚球球的睡前故事

梅茜烦不了

1

我是一条金毛，名叫梅茜。一年前我叫梅西，因为有两个人都很爱足球运动员梅西，后来其中一个人消失了，老爹沉默很久，就给我的名字加了个草字头，变成了梅茜。

金毛的生活非常复杂，具体表达要十六个字：跑来跑去、跑来跑去、跑来跑去、跑来跑去。

我生活在一个阳光明媚、树很多、草很绿、大家一天到晚都会傻笑的小区。这里的便利店会卖火腿肠给金毛，但是不找钱。

有天老爹跟我说："梅茜，讲个故事给你听吧。"

我说："好。"

老爹说："从前有条金毛，太穷没有银行卡，后来被边牧拐到山区卖掉了。"

我说："边牧凭什么拐我，他只会叼飞盘，我会叼妹子。"

老爹说："妹子只能满地窜，但是飞盘是在空中飞的。妹子要是起飞，你再追都是追不上的。"

我突然觉得很难过，决定和边牧搞好关系，以后万一妹子起飞了，好歹他跳得比较高，说不定能接住。

老爹摸摸我的头，说："梅茜，长大了你会变成全世界最好的妹子。"

我说："现在呢？"

老爹说："现在是个傻丫。"

我眨巴眨巴眼睛，号啕大哭地冲出门外，满脑子都在想："太惨了，我是傻丫。"

2

小区里的独眼流浪狗突然带回来一条小狗，毛茸茸的，眼睛很大。第一次看到他我吓了一跳，这么小这么圆，很容易滚到阴沟里去吧？

阿独给小狗取名叫滚球球。

大家围着滚球球，不敢碰他，我壮着胆子拨了拨他，他就摔了一跤。

牛头梗婆婆说，让他自己走，小孩子要学会自力更生！

滚球球走一米要五分钟，摔十跤。

滚球球喜欢哭，一哭就哭很久。大大的眼睛掉大大的眼泪，掉一颗身子就变小一点儿，我好害怕他就这么哭着哭着把自己哭没了。

阿独从垃圾里拣了一堆东西，教滚球球分辨什么能吃，什么不能吃。滚球球说咕咕咕咕，挑了双袜子就啃，阿独暴跳如雷，要抽他耳光。

黑背红着眼睛，一把拦住阿独，大喊："不许你碰他！你再打他，我、我、我、我就跟你决斗！"

大家围起来，把阿独拦在外面，阿独气得狂叫一声，跑掉了。

滚球球咕咕咕咕地一直哭，大家面面相觑，不知道该怎么办。

我说，讲故事给他听吧，听着听着，他就睡着了。

大家说好。

那么谁来讲呢？

大家把目光投到黑背身上。

黑背后退一步，惊恐地说："那我试试看。"

3

大家趴在草坪上，围成一个圈圈，中间是滚球球和黑背。

黑背开始结结巴巴地讲故事。

4

从前，有四条黑背，分别叫黑旺、黑图、黑岁、黑副。小时候他们和一个男孩儿在一起，玩得很开心。

黑副最小，所以大家都把吃的喝的让给他。

白天男孩儿和四条黑背到广场溜达，告诉他们说，将来他们都会成为伟大的王，统治自己的国土。

晚上大家睡在一块儿，梦见自己变成伟大的王，统治国家。

黑旺说："我的国土最大，起码三室一厅，光厨房就有两个。"

黑图说："我的国土才叫大，有广场那么大，密密麻麻挤满了黑背，我喊向左转，一千个狗头齐刷刷地向左转。"

黑岁说："我的国土在云朵上面，这样要是我们分开了，我还可以从云朵上看着你们。"

黑副说："我力气小，可能将来没有国土，到时候你们记得分点儿给我。"

大家拍拍黑副的头说："好，将来我们把国土都给你，这样你的国土就变成最大的了。"

有一天，黑旺不见了。

大家急完团团转，男孩儿蹲下来，眼睛亮晶晶地对他们说："不要急，黑旺去自己的国土了。"

黑图说："那里有三室一厅吗？"

男孩儿说："嗯，三室一厅，皇帝和皇后人都非常好，他们帮助黑旺慢慢长大，一长大就把三室一厅都给黑旺。"

大家听完欢呼起来，觉得骄傲和自豪。黑副当时就流泪了，心想：将来一定跟黑旺学习，不要给哥哥们丢脸。

过了几天，黑图也不见了。

大家急得团团转，男孩儿蹲下来，眼睛亮晶晶地跟他们说："不要急，黑图也去自己的国土了。"

黑岁说："那里有一千条黑背吗？"

男孩儿说："嗯，黑背、红背、蓝背、橙背、黄背……什么背都有。"

黑岁目瞪口呆，说："这么厉害？"

男孩儿说："嗯，他们一起奔跑，就变成彩虹了。"

大家再次欢呼起来，其实也就剩下黑岁和黑副。

又过几天，黑岁和黑副觉得浑身无力，瘫在狗窝里，动都不想动。

这次男孩儿带着一个中年女人走进来。

中年女人皱着眉说："这下比较麻烦，前面两条带走太晚，传染到他们了。"

男孩儿眼睛亮晶晶地问："怎么办？"

中年女人翻翻黑岁和黑副，拎起黑岁说："这条必须带走，我给你一点儿药，你给剩下那条吃吃看。"

男孩儿亮晶晶的眼睛忽然滚下来亮晶晶的东西，打在黑副的身上。

黑副努力抬头，舔了舔男孩儿的手。

很久以后，黑副才知道那个亮晶晶的东西叫作眼泪。

黑副努力地想笑，问男孩儿："黑岁也去他的国土了吗？"

男孩儿说："嗯。"

黑副说："那里是在云朵上面吗？"

男孩儿呆了一会儿，说："嗯。"

黑副说："在云朵上面看得到我们的是吧？"

男孩儿说："嗯。"

黑副松了口气，说："那我就放心了。"

男孩儿蹲着，手抱着脑袋，低到膝盖里，肩膀不停地动。

黑副想爬到他脚边，可惜没有力气。

他想："没关系，等将来黑旺、黑图、黑岁的国土分给我以后，我们就一起去玩了。"

5

可卡哑巴哑巴嘴，问黑背："后来呢？"

黑背说："后来，我猛吃猛喝，又挂盐水又吃药，过几天爬起来，莫名其妙地就长大了。"

我一愣，说："原来你就是黑副。"

黑背说："我本来就叫黑副。"

我说："那我怎么不知道？"

黑背说："你们从来没问过我。"

我挠挠头，说："黑旺、黑图、黑岁呢？"

黑背说："男孩儿说他们都到黑岁的国土去了，在云朵上面。"

大家一起抬头，看天上的云。

这时候顶楼的窗户被推开，探出一张络腮胡子大脸，喊："黑副，回家吃饭了！"

我大惊失色："天啊！这也叫男孩儿？！"

黑副说："这不，男孩儿也长大了。"

可卡说："嘘，滚球球睡着了。"

大家蹑手蹑脚地散了。

老爹来找我，我也回家了。

在走的时候，我冲树后面做了个鬼脸。

我知道，阿独一直躲在后面。

他看见我了，扭过头去，眼睛里有亮晶晶的东西。

6

“老爹，我去云上看看好不好？”

“看什么看！怎么爬上去啊？”

“老爹，上面有黑背看着我们呢。”

老爹脸色大变，脚步加快。

我说：“怎么了？”

老爹说：“走快点儿，被黑背看着，会走背运的。”

我一边走，一边望着蓝蓝的天心想：开始在一起，后来在一起，以为很简单，原来是那么难的事情。

这个世界上，应该有很多人都躲在云朵后面，悄悄地看着自己喜欢的人吧？

我的大二班，我的杨老大

骆　阳

　　大二班——文科班，现有四十六员属性各不相同的战将，战绩毋庸置疑——文科年级第一。要问全学年一共几个文科班，我会自豪地告诉你——三个。怎么？不服气？三个班中第一就不是第一了？

　　老班大人姓杨名玉成。请你们不要再问我杨贵妃是他什么人了！我要是知道现在也不会在这儿念高中，早考古去了。他四十出点儿头，身高不便透露，说起来那是我们老大的硬伤。非要说我也没办法，一米六多点儿。怎么？不服气？一米六就不是身高？话说浓缩的都是传说，校级教师羽毛球大赛上，我们老大可是一举击败虎背熊腰的政教处主任斩获第一名的。话说浓缩的都是极品，虽然我们老大开车脚够不到油门，但他硬是把屡次迟到的我们变成了早睡早起的好学生……

　　大二班的老班是极品中的极品，大二班的地理位置也极其优越——位于学校最高点。所以我们每天都要爬很多很多的楼梯，这样一来，男生可以强身健体来避开外人嘴里"文科班男生都娘"的谣言，也可以让天天喊减肥却不行动的女生迈出最为艰难的第一步。当然，这样的地理位置最便宜的还是班级的文艺青年们。下午放学后，校广播站的音乐徐徐飘荡，有人便会坐在班级那高高的窗台上，吹着忧伤的晚风，四十五度仰望天空时，被风拂起了头发……话说，这个人不就是我吗！

大二班真不愧是杨老大带出来的杨家将，阴盛阳衰是本班最为突出的特点，整个班级男生寥寥无几。出于不可回避的客观原因，拔河比赛老大也只好亲自出马来弥补我大二班男生力量上的不足。比赛时，我们亲眼看见老大卖力地抓着绳子，身体大幅度后倾的画面，很多同学顿时泪流满面。我们当时就痛下决心一定努力学习将来赢在考场上。

中秋节学校不放假，老大当机立断给我们举办一个中秋晚会。他跑去市场买水果、月饼和饺子，我们在班级布置。老大一个人准备了四十多个人的食物，回来的时候满头大汗。中秋晚会热热闹闹地开了起来，学校主任闻声而来要求立即停止。这时候老大站出来对主任大发雷霆："学生一年四季都在这儿住着，好不容易过个节不让回家也就算了，还不让在班级庆祝一下……"

老大是教政治的，他损人不带脏字并且引经据典，辩证法、唯物论灵活运用，所以制胜就在无形之间了。主任被赶走时整个班级沸腾了，同学们大喊"老大太帅了"。老大低着头用脚在地下画了个圈儿低调地说："小意思。"那一夜，其他班级的同学都后悔当初进错了班级。

除了那一次，老大平时都是和蔼的，还有一次就是秋季运动会，大二班不愧是杨老大带领的书香班级，整个班级几乎全都伸不开胳膊腿。本人八百米倒数第四，老大对我微微一笑；小甲铅球倒数第二，老大对其微微一笑；小乙跳高倒数第二，老大对他微微一笑；等到小丙掷完标枪，老大的脸部抽搐了。老大为了不伤我们的自尊心，也只能瞅着长跑夺冠的小丁小声地说："当初就不应该放他去理科班。"

老大教学有方，名扬我校，所以产生了一系列的"名人效应"。比如分文理时，我被分到三班却死皮赖脸往二班挤，比如一班和二班班主任为了向老大学习教学方法天天缠着老大，让很多人产生了误会……

要问大二班除了拥有杨老大这个活宝以外还有什么，我会说奇葩有的是。大二班有学年个头儿第一高——一米九十多的巨人，人称"大马"，动不动就喝掉两瓶矿泉水；大二班有全学年脸最大的妹子，人称"大饼"，努力学习长期稳居学年前十；大二班有学年第一"娘"的我，人称"纯情"，多次被看成女生却依然拥有一颗真汉子的强大内心。总之，学年十个第一，我们班至少占八个，正如杨老大的谆谆教导："虽然我们是二班的，但是我们从来不二，我们永远争当第一"。我们牢记教导，把"第一精神"渗透到了各个方面。

除此之外，大二班还有一台破烂不堪的电脑，勤俭节约的杨老大执意不换，我们也没意见，它虽破却依然坚守在工作岗位，它读不出课件时我们等它，它死机了我们等它活过来；大二班还有一台破烂不堪的饮水机，勤俭节约的杨老大执意不换，我们也没意见，它漏水我们就堵，它不出水我们依然等……

大二班就是这么酷，大二班有学霸，有奇葩，有校花，最重要的是有杨老大。我相信，在杨老大的带领下我们大二班能够在高中剩余的时光中完胜，并且最后人人都能考上一个理想的大学。

壮哉我大二班！美哉我杨老大！

原来，你们从不曾远走

曦　晗

窗外树上的叶子都落光了，只剩下光秃秃的枝干，抬头仰望天空，耳朵被耳机里悲伤的钢琴曲充斥得满满的，心里刮过了一阵忧伤的风，就这样不合时宜的，你们又浮现在我的脑海里。

充满意外的开学第一天

"笨蛋诺诺，明明教室在B楼，非拉着我往C楼冲，你看吧，开学第一天就迟到了吧……"我一边没形象地狂奔，一边喋喋不休地数落诺诺的不是。"行了，我的沐沐姐，现在就别埋怨啦，先想着一会儿迟到怎么办！要不就说捡到了钱找了一个小时警察叔叔，所以迟到了？"我被诺诺的奇思妙想逗得不行，"拜托，现在哪有那么多钱让你捡啊？再说了，我，啊——"在楼梯转角我不小心撞上了一个不明物体，差点儿摔了，手撞在了墙上，疼得直揉。"同学，对不起，你没事吧？要不我……"我还来不及抬头看看谁撞了我，就被诺诺拉着继续往教室跑。

"现在的你们已经是高中生了，作为祖国的花朵，你们……"戴着黑色大框厚镜片眼镜的大叔班主任正在唾沫横飞地说着。"报告!"诺诺喘着粗气喊了声。"进来吧,今天是开学第一天,你们就迟到了半个小时,希望这是最后一次!以后上我的课不许有同学迟到,否则就罚站!好,接着说,作为祖国的花朵,你们……""报告!"一个熟悉的声音从教室门口传来。这时候大叔班主任不淡定了,扶了扶黑色镜框,看了一下点名簿,板着脸说:"你是陆阳?到后面去罚站。"诺诺这时笑得花枝乱颤。"你怎么这么开心啊?人家跟你有仇啊?""你不知道啊?他就是刚才在楼梯撞你的那个男生,报应来了。"难怪声音这么熟悉,我抬头看着陆阳,刚好过眉的刘海儿,棱角分明的脸廓,给人一种沐浴清晨阳光的感觉。

在一起的那些抹不去的记忆

我一直觉得学校做得最神圣的一件事情就是调座位,因为它决定了很多人是陌生还是熟悉。

诺诺毫无意外地成了我的同桌,这意味着我们这对死党还将继续在地球上捣乱。而陆阳则意外地成了我的前桌,这意味着命运的大手总将人推向最具戏剧的方向。

很快,我、诺诺和陆阳成了好朋友,诺诺总戏称我们是"三剑客",每次她这么说的时候,陆阳都会笑着戏谑她武侠小说看得太多了。

陆阳爱打篮球,而我和诺诺就成了陆阳的"粉丝党"。说实话,陆阳的球技真不怎么样,可作为死党,我和诺诺还是逢场必到,然后虚伪地在那儿貌似给陆阳加油,实则在赞扬敌队的队长长得多么像周杰伦。

《那些年，我们一起追的女孩儿》这部电影刚上映的时候，我和诺诺迷上了柯景腾，整天做着成为沈佳宜的梦。那时我特矫情地学电影里的情节，拿了诺诺的蓝色圆珠笔二话不说地戳陆阳的后背，还故作老成地说："孩子你要好好学习，天天向上啊！"结果陆阳气得差点儿把我和诺诺的笔全都没收。

我和诺诺是两个大花痴，收集了很多明星的贴纸（当然，都是帅哥），然后贴在文具盒和课本上，整天看着那些贴纸感慨老天的巧夺天工，赋予他们这么精致的容貌。而陆阳总是厚脸皮地笑着说"我就是老天最得意的作品"，随之引来我和诺诺的鄙视加无语。

陆阳生日那天，我和诺诺跑到学校播音室给陆阳点了一首《两只老虎》祝他生日快乐，结果课间操播放了这首歌后，陆阳一个星期都没敢去操场打球。那之后陆阳再惹我和诺诺生气时，我们就威胁他帮他点一首《忐忑》。

再美好的东西也有远走的一天

不知道哪位名人说过，再爱你的人也有远走的一天，再美好的东西也有逝去的一天。记得我看到这句话的时候并没有觉得有多么伤感，直到后来我才开始渐渐明白。

高二文理分科的时候，我和诺诺走上了不同的道路。记得开学那天，我特别伤感地对诺诺说，要是哪天被理科那些化学反应和数学公式狠狠地打击了，记得来陪孤单的我。之所以说孤单是因为本来说好要跟我一起在文科的不归路上努力的陆阳，也在他妈妈的安排下转学去了别的城市了。他走的那天我没有去送他，表面上是因为学校要上课，其实是因为我怕自己会哭，因为我知道可能以后很长时间见不到他了，也可能再也没有以后了。

没多久，陆阳因为学业的忙碌也不怎么给我和诺诺打电话了。也许是因为别的原因，据说他爸爸和妈妈的婚姻并不幸福，所以他妈妈把希望全部寄托在了他的身上，而陆阳就努力不让妈妈失望，他也只能努力不让妈妈失望。

诺诺考入了学校的重点班，换到了离我有一个操场加两栋楼那么远的新教学楼，每天还多加了两节课和做不完的试卷。

我变成了每天一个人上学，一个人吃饭，一个人感受喜怒哀乐。

原来你们都不曾远走

我生日那天，本来以为也就一个人过了，正当我安静地低着头往家走时，撞到了一个人。"冒失鬼，你这点还没变啊？"熟悉的声音让我忽然有些感动，难以置信地抬起头，映入眼帘的是那张我以为再也见不到了的脸。"陆阳，你又欺负沐沐呢，我可是不同意啊！"回头，诺诺正拎着一块蛋糕微笑地看着我，走过来要牵我的手。夕阳把诺诺的影子拉得很长，给了我一种诺诺离得很遥远的错觉，而其实，诺诺一直就在我不远的前方对我微笑着。

诺诺三步并作两步地走过来牵起我的手说："我们，一直，都在。"

莫名其妙的，我的眼睛就湿润了……

我眼里的光影碎片

左 海

一月初，坐在人满为患的电影院里看那部势必要夺回青春的影片《那些年，我们一起追的女孩儿》。故事的结尾，柯景腾打着领带穿着帅气的西装去参加沈佳宜的婚礼，新郎不是他。

走过青春的那些画面开始一幅幅在屏幕上闪现。

那场滂沱大雨里，沈佳宜对不管不顾地朝前走去的柯景腾说："大笨蛋，你什么都不懂。"

柯景腾没有回头："对啊，我就是什么都不懂，才会喜欢你这么久。"脸颊上，没有人知道那是雨水还是眼泪。

桥上朝空中飘去的白色孔明灯密密麻麻地写着黑色的笔迹，那句"好，在一起"醒目地印在上面，留在了蓝天上，留在了旧时光中。纯白色的中学校服上那一团被水笔戳出的墨点，像是记录青春的某种特殊符号，告诉你一切都回不去了，只有怀念。

走出电影院，冷风吹过，脸颊上一片湿漉漉的冰凉。

原来，青春的美好就在于到了故事的最后我们并不一定在一起，但是我们却拥有最好的时光和最美丽的回忆。

《星空》被改编成电影并搬上荧屏的时候，我被巨幅海报上林晖闵和徐娇纯真的神色，一把拽进了青春的缝隙里。

就像在那个小巷子，墙壁上投射着怪兽的影子一般，身处青春期的我们何尝不是冲动而凶猛，仿佛一只横冲直撞把自己弄得遍体鳞伤却依旧笑得一脸开心的怪兽。

当火车在夜空下缓缓开动，当林晖闵因为睡着靠上徐娇的肩头，有颗幼小的种子在他们心头渐渐发芽，冲出土层一天天攀高，微妙的情愫像美味的葡萄酒发酵散发出阵阵沉香。多年之后，长大后的徐娇变成了桂纶镁，当她在异国的街头看到那一幅缺了一块的图画拼图时，往事如昨在脑海清晰上演。最后成年的林晖闵在桂纶镁眼前出现，镜头却不再告诉我们他的模样，画面定格在桂纶镁的微笑上，一切美好如初。

徐娇在一段独白里说道："虽然一切都会过去，但是在放手之前，想要抓多紧就抓多紧。"那一刻，坐在电影院里的人，有没有紧紧地握了一下自己想要狠狠努力的拳头呢？

寒假在家，看一部名叫《北京爱情故事》的电视剧。最爱的是张歆艺饰演的那个善良女孩儿林夏。当她笑着说"我爱你跟你没关系"时，我在这个女孩儿的身上看到了她对于爱情和友情倾尽全力的执着和珍惜。

当故事全剧终的那一刻，我脑海里流淌着石小猛说的那句话："时间是在这儿的，流逝的是我们自己。"

是啊，时间是在这儿的，流逝的，是我们自己。

白衣少年行未远

战龙寒砚

早晨的阳光安详又慵懒，当阳光细密的脚板走过悬挂着的日历时，我正一五一十地掰着手指估算着我与死党海子一起经历了多少岁月。

会说话的猪

记忆最初的海子是个高而清瘦喜欢穿白衬衫的邻家男孩儿，顶着一头天生黄色的短发，常被误认为是不良少年，笑起来痴痴傻傻。刚见他那会儿，是在学校空旷的操场上，那时候他正和我的绝对死党顺子在一起，乐此不疲地趴在锈迹斑斑的单杠上控诉着考试的不必要，讥讽某位老师鲜为人知的怪癖。

我当时认为海子也只是我青春里的匆匆过客，后来海子却成了我青春里的最佳配角。

历史课上，在老师的"威逼利诱"下，我们心不甘情不愿地做起了"一望无际"的历史题。"感谢老师给了我们一个免费回顾历史的机会。"海子没精打采地抱怨着。我瞄了一眼海子的试卷，旋即惊恐道："小子，刘邦三顾茅庐，三英战吕蒙？"海子立即戴上眼镜像个考古学家一样："抱歉，一时失误。"他傻笑着挠挠头。

"兄弟，你真是一头又瘦又笨的猪啊。"我咯咯地笑着说。

"你只说对了一半，我还是一只会说话的猪。"

我的泡面我做主

夕阳衔山的时刻，晚霞似火。海子没有与我们一起参加自习研讨会，也没有和我们一起去L中餐厅吃晚餐。我和小姜对视一眼，心领神会。

在暮色的掩护下，海子窃贼般偷偷摸摸地护送一碗泡面回到了寝室，在他进门的那一刻，小姜伸出他粗壮有力的右手拍拍海子，海子机械地回了头，诧异不已，我和小姜伸出手表示交出来大家一起亨用。

"你们别动，我的泡面我做主。"他左手护面，右手向前，表情痛苦不堪。

我和小姜对视一眼，摇摇头，冷笑了几声。他见势不妙，连连后退，"好了，看在你们没吃过的份儿上，就给你们。"他一脸不舍地闭目相送，我和小姜一左一右小心翼翼地接过。海子趁机转过身，甩甩被烫过的手，还喋喋不休地让我们嘴下留情。

在他忐忑不安地回头的时候，碗里只剩下汤，于是他怒不可遏地从不知是谁的床底抽出一只崭新的拖鞋向我们凌空劈来……

白天不懂夜的黑

进入新校园的那一年，我和海子沮丧地发现高中生活远没有想象中的丰富多彩，相反竞争日益激烈，每天起早贪黑，忙得焦头烂额成绩还会落后，我和海子碰面的次数也随之减少。

我们都年少轻狂地以为自己百毒不侵，无所不能，能够征服全世界，直到那时我们才意识到自己的无能为力。

周六的晚上，学校处于无课状态，我和海子大摇大摆地踩着凉拖，背着双肩包在马路上走着，海子偏执地穿着一件白衬衫，衣服兜里装着微笑的柯南，他吃着廉价的冰棍，摇头晃脑地哼着苏打绿的歌曲，脸上的白色呈病态。

"小子，你是不是上次的模拟考又栽跟头了？整天面色凝重，像生吞了一颗臭鸡蛋似的。"我扭过头看着此时吃兴正酣的海子。

"哪有？"他又指指上空，"现在什么时候？"

"什么意思？"我被他问得一头雾水。

"你不懂我的悲伤就好像白天不懂夜的黑。"海子傻兮兮地笑着向前跑了几步，我没好气地跟上去暴揍了他一顿。

天空不要掉眼泪

十月的那几天，海子就像人间蒸发一样，而那时的我们已贵为高二的学生了。

舍长阿尘呼呼大睡的时候，我趴在宿舍前的围墙上，海子像个重刑犯一样迈着沉重而缓慢的步子向我走来，他面色沉重，嘴角失去了往日的俏皮："兄弟，我明天要走了。"

"噢，怎么回事？"我还是朝前看，"那还回来吗？"

"我要休学了。"他轻描淡写道，"也许会回来，也许不回来。对了，还有这本书。"他拉开背包拉链，发出沙沙的摩擦声，把那本熟睡中东野圭吾的《白夜行》递到我的手里，"这本书或许能对你有所帮助。"

海子没有再试图说什么，拍拍我的肩然后转身离去。我望着手中的书，纸张在晚风的戏弄下上下翻叠，发出的窸窣声好像是在哭诉。

我们的未来不是梦

时间就这样不紧不慢地走过，海子也没有再回到这个令他诞梦又碎梦的逐梦之地，在外面为了生计四处奔波，而我就在高三的激流中滚来滚去，险中求生。

我们都以为青春如诗，那些被赋予青春之义的伤痛永远刻骨铭心，只不过后来的我们才会明白那只不过是调皮的时光在给我们挠痒。

六月末，海子打电话对我说要隆重邀请我参观母校，我欣然应允。见到他的时候，我们相互碰拳。他没有实质上的变化，高而瘦削，一脸傻笑，喜欢穿白衬衫。一路上我跟他说未来真的好迷茫，不知该何去何从，他一脸傻笑地说："放心吧，我们的未来不是梦。"

学校后的空地上杂草丛生，前方是老教学楼，我们曾经上课的地方。那些单杠像一个个饱经岁月风霜的老者，墙边有几株长相可爱的紫色小花，瞬间点缀了那儿的小小世界。

"嘿，快看！"海子欣喜若狂地从草丛里捡起一支笔，"这不正是你展示高超转笔技术却失手让它跑掉的那支吗？"

　　我莞尔一笑，它就像是两段错开的时空相互碰撞掉落的记忆残片，安安分分地抵达它宿命般的时间节点，等待着被海子和我发现再拾起，然后所有被遗忘的往事纷至沓来。

　　我迎着金色的阳光抬起头，天空蓝得像一片平静的湖面，倒映出我们曾经的模样。

纸飞机飞不过万水千山

陈小艾

1

周铭辰是那种在人堆里自带发光体属性的存在，在我还未进入清远高中时，便听过不少关于他的事情，但我却从未想过有一天会与他产生千丝万缕的联系。

那年夏天，我一直喜欢的民谣歌手来小城里开演唱会，由于不久前我刚在中考中拿了一个漂亮的分数，在我的软磨硬泡下，妈妈终于同意让我去现场。

我用妈妈给的钱飞快地订购了门票，拿到门票的那一刻，我便开始焦急地等待演唱会那天的到来。

演唱会在小城城北的一个小剧场，因为是小众的民谣歌手，前来听歌的人并不是很多。我从城南辗转了几班公交赶去现场，却在即将检票入场时惊慌地发现演唱会的门票不见了。

距离开场只有不到半小时，此时返回去找门票肯定来不及，更何况路途遥远，我并不知道是在哪儿弄丢的。就在我带着哭腔儿跟门口的工作人员央求能不能通融一下让我进去时，周铭辰出现了。

他高瘦挺拔，穿着一身松垮的运动服，留着干净利落的板寸头，左耳塞着耳机，周身散发着一种格外干净清爽、青春逼人的气息。见我一直堵在检票口前，他皱着眉头凑上来了解完大概情况后从包里掏出一张门票："我这里有一张多余的门票，你拿着吧。"

这一切来得太突然，我接过门票，愣了好久，终于缓过神儿来准备要对他道谢时，他已经走出去了一段路，见我仍愣在原地，他扭头朝我喊："快点检票进来吧，要不该来不及了！"然后继续往前走。

我的座位在他旁边。为了表示感谢，我从书包里掏出一堆零食递到他面前，他摆摆手给我推了回来："你当这是看电影呢，别吃了，马上就开始了。"

那晚的演出很精彩，最后几首经典曲目一响起，剧场里的观众们都自发地起身开始大合唱，我也应景地站起来跟着大家一起声嘶力竭地唱起来，等结束时扭头发现一旁的周铭辰一直安安静静地坐在座位上。

"你怎么不跟大家一起唱呀？"

"我更喜欢安静地听歌。不过，你唱歌的样子真的……"他脸上有一闪而过的笑意，"真的好好笑。"

2

彼时我还不知道他就是传说中那个清远高中的"全民男神"

周铭辰。

从剧场出来，我一直跟在他身后穷追不舍地问他的学校和姓名，我想找机会好好请他吃顿饭当作感谢。

他却并不打算告诉我，一直低头往前走，直到我眼看着他跳上一辆与我方向相反的公交车，车门即将关上的那一刻他转身对我说："有机会我们还会见面的！"

那时我一边暗自揣摩他这句话，一边为自己把这么个帅气少年轻易放走深表遗憾，却并未想到夏日快要结束时，会再度与他相遇。

每年清远高中开学那天是校园里最热闹的时候，作为远近闻名的重点高中，这一天有不少费了九牛二虎之力终于考上的同学们跟着父母从四面八方赶来，我也是其中一个。

交完学费领完分班表后，妈妈挤到家长堆里跟大家交流心得，一个个兴高采烈的，好像自家孩子已经跨进了重点大学的校门一样。我跑到办公楼去领校服，正在S号和M号之间犹豫不决时，忽然觉得身后有人拍了我的肩膀一下。

我扭头，见是周铭辰那张熟悉的脸，唯一不同的是他身上穿着清远高中的校服。

我张大嘴望着他，半晌才挤出一句："太棒啦，原来你也是清远高中的啊！"

他一只手插在裤兜里，一只手伸到我面前，"我是高三（1）班周铭辰，很高兴又见面了。"

听到"周铭辰"这个名字从他嘴里脱口而出时，我忘了在原地怔了有多久。原来他就是那个大名鼎鼎的周铭辰，在我初中的母校里有不少他的粉丝，甚至对不少人来说想竭尽全力考进清远高中的很大动力便是他。

一直以来，我像个突兀的绝缘体一样支楞在热闹的生活之外，对于这些传闻虽然不算热衷，但也略知一二。

我伸出右手迎上了他那只在半空中悬着很久的手，"那次演唱会的事还没来得及好好谢谢你，有机会我请你吃顿饭吧。"

他一个劲儿朝我摆手，"你太客气了，反正原本就是多余的票，你不拿去用也是浪费了。"

我一直站在原地目送周铭辰走远，孟媛媛凑上来，伏在我耳边阴阳怪气地说："沈桐雨，看不出来，你居然跟男神周铭辰是老相识啊！"

"别胡说，我们只是偶遇过一次。"为了掩饰慌乱和不自然，我继续低头挑选校服。

3

我们高一教学楼和周铭辰所在的高三教学楼之间相隔比较远，按常理来说除了食堂我们之间应该少有交集，但这丝毫不妨碍周铭辰经常出现在我生活里。

周一升旗仪式上的旗手、全校师生大会时主席台上讲话的学生代表、篮球场上的最佳得分王、学校文艺晚会的御用男主持，周铭辰像是有十八般武艺一般将这些不同的"身份角色"演绎得精彩到位，更重要的是，即便到了高三，他也未被这些学习以外的事情"干扰"，每次考完试的红榜上依旧站在最前面，傲视群雄。

周铭辰的出现，像是一道鲜亮的光，照亮了我平淡无奇的生活。

孟媛媛神秘兮兮地将一个透明的玻璃瓶子递到我手里时，我正在为一道物理题愁眉不展，她一边往我手里塞，一边压低声音说："这是咱班班花纪小冉给周铭辰的，都怪我在她面前夸下了海口说认识周铭辰，拜托你就帮帮我这个忙，把这个交给他吧。"

我拿过瓶子打量了一下，里面是花花绿绿的纸飞机，每个飞机都折得很袖珍也很精致，机翼上好像都写了字，没猜错的话应该是纪小冉写的表白的话。

我没有立刻答应，但也没有拒绝，默默接过瓶子塞到了书包里。

我不确定什么时候能跟周铭辰再次有单独相处的机会，更重要的是我有点好奇，如果他知道像纪小冉那么漂亮优秀的女生喜欢自己，会不会立马欣然接受这份爱意。

那个装满纸飞机的瓶子在我书包里躺了很久，纪小冉好几次托孟媛媛来打探口风，对此我一直沉默不语，时间久了，她们也便像是忘了这回事，不再提起。

的确，像纪小冉这样的女生，活得像是那个年纪每个女生的梦想，生活里繁花似锦、风生水起，自然不会甘愿只为一个没有任何回应的人停留。

4

再次见到周铭辰是在周末大休回家时，我在站牌好不容易等到要坐的公交时却发现钱包落在了教室里，转身时撞到了周铭辰怀里，我匆匆说了声"对不起"便继续大步往教学楼跑去。

教室已经早早地关了门，待我准备下楼另想办法时，发现身后站着周铭辰。

"看你慌里慌张往回跑以为发生什么事了，不放心就跟着过来了。"干脆利落的回答，一如他的为人，甚至不用揣摩便可以感受到他浓浓的关心之意。

听完我的"遭遇"后，他几乎二话没说便从隔壁班爬到了我们班的阳台，恰好有一扇窗子没有关好，他从那翻进教室，成功把我的钱包拿了出来。

我们班教室在三楼，我在一旁看得心惊肉跳，直到他将钱包递到我面前，"喂，你在想什么呢？"

"我在想万一你不慎跌下去，我一定会对你的后半生负责。"我半开玩笑半认真地说。

"真佩服你们女生胡思乱想的功力。"他一边掸掸身上的灰一边说。

我迎上他的目光，他嘴角的浅笑里像是有一种别样的蛊惑，那一刻我甚至偷偷在想，被他这样闪耀的人喜欢该是一件很值得骄傲的事情吧。

我的手在书包里摸索了很久，最终没有将纪小冉的那个玻璃瓶拿出来交给他。他们都是人群中闪耀的同类，我甚至能想到他们并肩站在一起登对的样子，可我实在做不到将他亲手推到另外一个女生的生命里去。

是的，就是在那一刻，我承认自己喜欢上他了。他给过我的那些星星点点的温暖和善意，在我心底绵延成一片海。

5

我得承认我跟周铭辰从来都是截然不同的两种人。在我一边暗暗制造跟他偶遇的机会一边为高中日渐繁重的功课忙得焦头烂额时，周铭辰已经收到了名校寄来的提前录取通知书。

由于不用参加高考，周铭辰在身边同学争分夺秒备战高考时提前收拾书本离开了学校。

他离开的那天，我站在三楼的教室里看他背着书包离开，犹豫了很久将手里叠好的粉色纸飞机从窗前扔下去，纸飞机的机翼上有我用黑色签字笔认真写下的祝福：祝你有大大的前程和美好的爱情。

我立在窗前看纸飞机一点点摇摇晃晃飘下去，最后盘旋了一个小圈在他身后落下，他只顾着大步往前走，并没有注意到身后。我将手里还没来得及扔出去的另一架纸飞机放到书本里，忽然之间满脸的泪水，像个恍然从梦里惊醒的孩子。

秋天开学的时候，听说周铭辰放弃了北京那所高校，飞去了大洋彼岸求学深造。后来我从别人口中零星听说过一些关于他的消息，听说他跟一个留学生在异国他乡谈了一场轰轰烈烈的恋爱。

高考结束后，我辗转加上了他的微信，他朋友圈里一半的状态都是关于女友的，情人节和生日时他为她准备的大束鲜花，她生病时为她炖的爱心汤，看他在欧洲古堡前为她拍下的一张张美照，他是那么大大咧咧又粗线条的男生，当他终于一点点笨拙地学会浪漫温柔时，身边已有佳人相伴，那个人却不是我。

即便过去了那么久，虽然我们之间并没有多少故事发生，但在看到这些的时候，我心里却好像有一场海啸席卷而来。

我收到了曾经他拒绝掉的那所名校的录取通知书。那年他离开后，我用了两年的努力一点点让自己变得更优秀，就是为了有朝一日能坦然地与之比肩。

可我终究没有机会等到那一天。

去北京求学临行前收拾行李时，我在一本高中课本里发现了当年没扔下去的另一架纸飞机，上面的字迹已经有些模糊不清，我捏着仔细辨认了一番后，确定上面写的是：两年后，我希望考到你的学校，跟你在一起。

后来，我给周铭辰在微信上留过言："喜欢一个人，就是希望他过得更好。"这句话一点都不假，看你现在很幸福，真心为你高兴。我曾卑微地喜欢过你，谢谢你让我变得更好。

那条留言发出后，我捏着手机盯着那个聊天页面发了好长时间的呆，最后退了出来。

凌晨收到他的回复：谢谢，也祝你幸福。

我知道，关于他的那个漫长的梦，已经醒了。

少年向光而生

给你一个好故事

左岸，魔法兜转

苏浅宁

不知你有没有看到过这样的梦境，云朵上面住着窃窃私语的精灵，白色翅膀的金鱼在天空游弋，巨大的尾鳍搅动着空气。游乐场里到处都是散落的玻璃瓶，盛着幸福的糖果。年轻的魔法师是来自永无乡的少女，手边留着昨夜毛茸茸的公仔，逆光的脸上是温柔的轮廓。

那样一个属于天空左岸的世界，你真的相信吗？

我相信过。

左手边微笑的女孩儿，乘着永无乡吹送来的季风离我而去。她展开光耀洁白的翅膀，对我说："我是住在天空左岸的魔法师。"她留下了我，以及不可倒带的凌乱年华。

天天天蓝，好耀眼

顾天蓝看到艾堇的时候发了一小会儿呆。

窗外的世界已经渐渐开始接受这种暖得像猫的天气，风里夹杂着细小的草籽，给时间和空间都染上了绿色。顾天蓝把收上来的作业本码整齐，堆放在讲台上，然后扯着嗓子大喊还有谁没交作业，下面响起瓮声瓮气的声音来，她看了看那只举高的手，迅速地跑过去。

就在这时，她看到了站在门口的艾堇，一身淡白的衣服，逆光的脸庞照出毛茸茸的轮廓来。

有那么一瞬间，顾天蓝眯起眼睛，以为自己出现了幻觉。然后她一边朝少女的方向摆摆手说："等我一下。"一边把那本字迹潦草的本子拿过来再以百米冲刺的速度跑回讲台。

顾天蓝从办公室里出来的时候，艾堇走在她旁边，手里拿着包装精美的礼盒。顾天蓝低下头去看她的手，"喂，这礼物要给谁的啊？"

"天蓝，明天是妈的生日哎，你不记得了？"

顾天蓝懊悔地拍拍自己的头，"怎么办，我竟然……忘记了！礼物还没准备……"她低下头，心里盘算着要挤出多少零用钱。

旁边的少女"扑哧"一声笑了出来，把礼盒朝身边懊悔的天蓝递了过去，右手去揉她的头发，"礼物嘛，我帮你买了。妈最喜欢的杯子昨天不是摔碎了嘛，你要是送她这个一模一样的，她一定会很开心……说不定还会给你做你最喜欢吃的水煮鱼呢！"

顾天蓝抬头去看满脸笑容的艾堇，一把环住她的脖子，在她的颈窝上磨蹭。"哇，姐姐最好了，我会把水煮鱼分给你吃的！"然后心满意足地抱着粉色的礼盒跑开了，回头对艾堇做了个拜拜的手势。

赶回教室的时候一大群女生立刻围了上来，顾天蓝把礼盒塞回书桌，对着劈头盖脸而来的诸如"你跟学生会会长怎么那么熟？""你跟艾堇认识啊？"之类问题有点儿汗颜。

"停——"顾天蓝做了个颇无奈的手势，然后趴在桌子上，用平静的语气说出了一句让全班同学都大跌眼镜的话来。

"艾堇，我的亲姐姐啊。"顾天蓝翻了个白眼，把下节课要用的课本拿出来。

"啊？可是，可是你们是不同姓的啊！"一秒钟的沉寂之后，人群里炸开了锅。

"她跟妈妈姓，我跟爸爸姓，他们觉得这样很公平，"顾天蓝瞥了一眼窗外，"早出生一年而已嘛。"

姐姐艾堇，如果除去学生会会长、奥数比赛第一名、歌唱比赛冠军这些辉煌的称号之外，也不过是个普通人吧。可是她那么优秀，有礼貌，散发着与生俱来的光芒。顾天蓝眯起眼睛，一个父母生的，怎么会有那么大的差别呢？

头顶是呼啸而过的飞机，心跳漏了一拍

两个人在一起过了怎样的十六年。

买相同的衣服相同的书包，会在别人"哟，多像一对双胞胎啊"的赞叹声中微红了脸，然后相视而笑。

艾堇是在那个暑假开始慢慢变得奇怪的，从最开始的叫她需要叫两次，到后来顾天蓝递水过去时对方完全没有注意到。

顾天蓝微微皱起眉头，手放在姐姐的肩膀上，"姐，你最近一直在发呆，怎么了？"

艾堇回过神来，轻轻地握了下天蓝的手，自动跳过这个问题，"出去走走吧，你不是一直说想去爬电线塔吗？"

自以为不怕高的顾天蓝把自行车扔到旁边的草地上时抬头

看了一下，阳光刺得她眯起眼睛。"以前一直想试着爬一下，可是……真的很高啊。"她把手放下来，求助似的望向身后的女生。

"那么，一起上吧！"艾堇用着鼓励的口吻，边说边走上去。

旋梯刚刚用油漆刷过，呈现出好看的白色。其实爬上来的话也没什么好怕的，梯子并不陡，两个人慢慢地往上爬，顾天蓝自顾自地说了一句："我觉得其实也不高的哈。"艾堇没接话。顾天蓝看着她的背影，觉得越来越奇怪。

爬到顶端的时候，顾天蓝望着眼前的平台有点儿欣喜。虽然没有什么别的东西，但这样一望无际的感觉让人很舒服。三月的风打在脸上痒痒的。顾天蓝想，她总算明白了为什么那些爬到山顶的家伙都要像傻瓜一样大喊大叫，原来站在这样的地方，能够让人突然感觉到"世界"这样虚无的词语真实存在。

几乎已经能看得出有弧度的地平线，天空上堆积着大朵大朵的云。

两个人并排站在看台上面，艾堇把帽子拉下来，闷闷地说了一句："如果有一天我不见了……如果有那么一天的话，我们都要怎么办呢？"

顾天蓝有点儿不高兴："乱说什么啊，最近你总是奇奇怪怪的哎。"她抬头看天，一架飞机驶近，拖着一条懒懒的白线。

面前的气流突然变得急促，艾堇的头发张扬地飞起来。头顶是让人猝不及防的巨大轰鸣声。顾天蓝有点儿受不了地捂住耳朵。顾天蓝没有听到在飞机驶过的巨大的轰鸣声里面姐姐说的那两句话："感觉……快要离开这个世界了呢。""天蓝，相信吗，我是来自天空左岸的魔法师。"

走下高塔的时候，顾天蓝瞥了一眼天空，在层层白云堆积起来的高处，散发着一些莹莹的光，那是云朵之上的蔚蓝色浮光。她以为是什么奇异的天体现象，大声叫着："艾堇艾堇，你快看，那里好漂亮！"兴高采烈的她没有注意到艾堇眼里异常的神色。

长发少女心里在想，天空左岸出现浮光，是在召她回去。

很久之后想再回到这一天，两人一起的时光，却只是徒劳。

你拆毁我的国度而去，留下了空城池

魔法的齿轮已经开始转动，我们都没有选择的余地。只是盛着糖果的罐子碎了，旋转木马找不回来了，连那么优秀的女孩子都不见了。

是不是每个新学期伊始，都有这么一种不情愿的感觉？顾天蓝从床上懒懒地爬起来揉着眼睛出现在房门口的时候，看着眼前陌生的男孩子，以为自己出现了幻觉。

餐桌上正在啃面包的艾简流看见顾天蓝睡眼蒙眬地呆看着自己，觉得有些好笑，就顺手拿了个面包扔给她，"今天是新学期第一天啊，天蓝大小姐，赶快吃饭跟我一起去学校吧。"原来不是幻觉。顾天蓝看着不认识的男生："你……你是谁啊，你在我家做什么？"顾天蓝跑过去接住面包，环顾四周，没看见艾堇。

"你没发烧吧。"艾简流白了她一眼，"这什么记性啊，连自己的亲哥哥都不认识了，还没睡醒吧？"

顾天蓝呆在原地。"艾堇，姐！"她一边大叫着一边去推艾堇的房门，却被眼前的景象弄得一头雾水。

八米之外，餐桌上的艾堇流，因为顾天蓝的那句"艾堇，姐！"心中产生小小的涟漪，他低下头去，若有所思。那紧皱的眉下，颠覆的记忆滚滚而来。

生活的世界一夜之间有了转变，一个人凭空消失了，另一个人又那样陌生地出现，这是童话还是魔法师施下的诅咒？

你的气息还留在耳边，仿佛从没离开过。

倘若你相信远路，云总有晴天

空气里填充着细小而温暖的奇迹，装满云朵的沙漏记录着破碎的时间。长发女孩儿的身边游弋着巨大的金鱼，悲伤陷落进去。

一直都相信有魔法师存在。可是为什么，当幻想变成现实，便再也不是童话故事那样的旧日温存。

嘘，听，小兔子在窃窃私语。

这是噩梦，还是上天开的无聊玩笑？

只不过顾天蓝已经没有时间思考这样的问题，一切都变了，艾堇的卧室，墙上的照片，教室的学生名单，学生会主席的职位，还有周围人关于这么一个女孩子的记忆。

那些关于艾堇的东西，她生活的痕迹，她留下的记忆，统统都被换成了一个叫作艾简流的男生。那些充斥着天空的电线，唰唰流过电流的声音，埋没了一切无关的喧嚣。

当顾天蓝疯跑到艾堇的班级里，对着那个胖胖的班长很不礼貌地说"我要看一下你们班学生名单"的时候，她脸上的神情就像一头受伤的倔强小兽。可最终她没有找到自己想要的结果。左边第二排靠近窗户的位置，那个本来应该属于一个叫作"艾堇"的优秀女孩儿的位置，此刻被填上了"艾简流"的名字。

她皱着眉，眼睛在那个空座位上来来回回打量着。

"艾堇……那个学生会主席……"

被质问的对象爽快地打断了她的话："学生会主席艾简流啊，他不是你哥吗？他还没来。话说回来，艾堇……是谁啊？"

顾天蓝心里积了满满的怨气，好像稍微一动就会不可遏制地爆发出来。

艾堇消失了，带着所有人对她的记忆一起消失了，可是为什么只有我一个人还记得？

楼梯拐角处的艾简流，呆呆地站了五分钟。他看着前面顾天蓝不知所措的背影，眼睛里笼上一层淡淡的阴影，脸上丝毫看不出悲喜的表情。

顾天蓝转身准备回班的时候，看见了面前自己现在的哥哥。在她怔住的那两秒钟里面，艾简流走了过来，在她耳边说了一句话。

"想知道吗，那个天空左岸的魔法师没有带走你的记忆吧？放学后一起去爬那个电线塔，会发现点儿什么也不一定。"黑发少年小声地像在诉说一个久远的秘密。

两人同时掉进温柔的魔法陷阱

不知道为什么他会知道这些事情，顾天蓝扶着梯子向上爬的时候转过头去看艾简流，张了张嘴却什么也没说。

电线塔顶和上次来时没什么区别，很大的一片空地，能够看到天边。

艾简流慢慢地沿着边缘走。他转过头去，看见很模糊的幽幽的蓝色浮光。

"想听吗？她用魔法囚住你我的故事。"

天蓝停住脚步，"说清楚点儿，什么叫'囚住你我'啊？"

五年前，艾简流初遇来自天空左岸的魔法师，她那样凭空出现在偌大的电线塔上，笑着对他说："你相信有魔法师存在吗？"他犹豫地点了头，然后就突然失去意识，最后看见的一幕是天际的浮光。

醒来时第一个看见的人便是艾堇，她背过身去，说："我们来玩一场魔法游戏。"

于是就有了整整一年错乱的记忆，艾堇莫名其妙地成为艾简流的双胞胎妹妹，他们被安排在同一个班级里，共同分享学生会主席的职务。

那时艾简流问她，他真正的妹妹到哪里去了。艾堇拍拍他的肩膀含笑回答："天蓝一直都在啊，她存在于现实生活里，仍然是你的妹妹，只不过你却活在我的魔法世界里面走不出去了。"

这一切都是魔法制造的幻觉，不曾存在过的真实感。

事情终结于一年后艾堇的消失，她也是那样子被莫名其妙召唤回去的，世界重新恢复成原来的样子。艾简流和顾天蓝才是真正的兄妹。

原来是这样啊，十几年的记忆归咎于一场盛大的幻觉，现在的世界才是原本的真实模样。那个叫作艾堇的消失不见的魔法师，困住了我们的记忆和时光，带我们去了那样一个不真实的世界。

尽管顾天蓝不想承认她对于这个现实中共同生活了那么多年

的哥哥找不回一点儿记忆，但她终于有点儿明白，她颠倒的小世界，开始渐渐恢复正常。

"是这样啊，"顾天蓝吹着迎面的晚风，深深地吸了一口气，"难怪我觉得她太美好了。"

魔法的束缚似乎落下帷幕。

天空的季风吹了一整个聒噪的季节

生活这样进行着，渐渐习惯有艾简流而不是艾堇存在的日子。

直到——

顾天蓝收拾好书包准备回家，教室的门口却多了个长长的影子。她抬头去看，逆光的轮廓笼罩周身。长发，女生。长发的，熟悉的女生。魔法里走来的女生。曾经消失不见的女生。

魔法师回来了。

她眯着眼睛看了一小会儿，嘴角扯出一个笑容："太好了，你回来了。"

她向着光源跑过去。

又是一个未知的世界。

给你一个好故事

傲　详

1

　　"你根本就没有资格做一个父亲！"她挂了电话泪水夺眶而出，整个身子无力地滑下去，蹲坐在地上哭得声嘶力竭。

　　汤冰峰站在后面看着女孩儿一直颤抖着的肩膀，许久才走上去递给她一小包面巾纸，女孩儿接过面巾纸没有回头。

　　汤冰峰放下英语书坐到她旁边，吴婧瑶把头埋进臂弯里，许久才出声。

　　"我和我爸关系不好，我们刚才吵架了，好难过。"

　　说完，吴婧瑶抬起头来看了一眼旁边陌生的男孩儿，又轻轻地说："不好意思，吵到你看书了。"汤冰峰看着女孩儿红肿的眼睛，轻轻地摇了摇头。

　　校园里的这条小道很少有人经过，午休时，整个校园安静得只剩下渐起的蝉鸣和偶尔响起的鸟鸣。天空很蓝，偶有云朵漫不经心地从他们头顶飘过，不时吹来阵阵暖暖的夏风。

"你是高二（10）班那个总是拿年级第一的人吧？"吴婧瑶笑着问道，长长的睫毛上还挂着泪珠。汤冰峰笑而不语。

"我是12班的吴婧瑶。"

汤冰峰"哦"了一声，嘴角的笑意更浓。"我也认识你啊。总是背着一个浅黄色的书包，总是到这儿来打电话，笑起来有很可爱的小酒窝，声音很好听，在12班是个很可爱的开心果。"只是这些他都没有说出来。"恐怕那些叫你开心果的人都不曾知道你也有眼泪吧？"他想。

两人安静坐着，暖风拂过他们身边，翻起男孩儿旁边的英语书，渐渐吹干了女孩儿的眼泪。

2

体育课的排球场上，女孩儿正在为一个漂亮的传球雀跃，躲在草坪角落看书的汤冰峰偶尔抬起头来就看见女孩儿灿烂的笑容。

"砰！"女孩儿的排球打到他身边的灌木丛里发出沉闷的响声，他看了一眼后继续看书。

"咦？"女孩儿朝着球落下的方向跑来，却只看到男孩儿躲在角落里专心地看书，甚至在她忍不住笑出声时他都不曾抬眼看她。

"在那儿。"汤冰峰对在前面晃了许久的影子头也不抬地指向旁边的灌木丛。

"哦。"女孩儿跑过去捡起球后，转过身轻声说了句"谢谢"，然后忍不住问了句："你怎么连体育课都在看书，真是白面书生一个。"

"你以为年级第一那么容易当啊？"不紧不慢的语调，嘴角带着浅浅的笑意。吴婧瑶也笑了，看来那种长得帅、体育超棒、成绩又好得一塌糊涂的男生只能出现在小说里。

"你和你爸好一点儿了吗？"

汤冰峰低着头看书，声音在风里轻轻飘荡，最终还是穿过了吴婧瑶的耳膜。她愣了一下没有回答，抱着球跑开了。

汤冰峰看着女孩儿奔跑的背影心想，她是那种微笑着奔跑却在心里流着泪的人吧，那样的人是在伪装还是真的坚强呢？

3

夏天渐行渐远，知了嚣张了一整个夏天，此时趋于沉寂。

白天开始变得越来越短。吴婧瑶从教室出来的时候，夕阳已经向下。绕过篮球场上时发现人已经走光了，她懊恼地拍了一下脑袋瓜：今天可是年级赛啊，竟然就这样错过了！再回望时发现灯光下篮球场上还有一个熟悉的身影。

"那么漂亮的投球！"她张大了嘴巴，带着莫名的好奇和兴奋，她近乎是飞奔过去。真的是那个白面书生。

汤冰峰没有理会站在场外的吴婧瑶，他独自一人在球场上帅气地转身、投球，一切动作都那么娴熟，完美得无可挑剔，直到手脚酸胀，他才停下来。篮球滚到场外，吴婧瑶跑过去把它捡回来放到篮球架下，再拿起一瓶矿泉水递过去。

汤冰峰大口大口地灌着水，吴婧瑶坐在旁边，兴奋地说："你的球打得好棒啊！没想到你竟然会打球，我还以为你是一心只读圣贤书的儒生呢！"

"谢谢！"汤冰峰笑着说，"好久都没有像今天这样了！"他抬起头对着天空大喊："汤冰峰！"然后孩子般地笑了。

吴婧瑶看着他心想，他一定很喜欢打球吧！

"我很喜欢篮球。"他说。橘黄色的灯光映照在他眼里，褐色的瞳仁异样澄澈。吴婧瑶有种他在流泪的错觉，然而他却笑了。"我爸是篮球运动员，他很优秀，也一心想把我培养成像他那样优秀的人。后来他当了教练，他带的那支球队也很棒。可是在一次省级比赛中，他的一个球员在篮球场上摔倒了，谁都没有在意，包括球员自己。可是当他在同一场比赛中再次摔倒时，他却再没能站起来——他的韧带废了。后来我爸就没有再教球了，也没有再教我打球了。"

"不过幸好我不讨厌读书，当年级第一也不错。"

"他只是爱我怕我受伤，让我不要再打球。说明他爱我超过他的篮球，我没有理由违背他的意愿。"

"其实每个父亲都一样，只是他们爱我们的方式不一样。"

吴婧瑶安静地看着天空的红霞一点儿一点儿被暮色吞没。晚风拂过她单薄的短袖，她开始觉得有些冷。

也许是吧，她想，虽然从小就是在爸爸的斥责声中长大的，但是爸爸也是爱她的，爸爸会每天很早起床为她准备早饭，会在冬天还未到时及时为她添置棉衣。

其实，他也和其他父亲一样。

汤冰峰拍了拍她的头，"不早了，再不去食堂，会没饭吃的！"说完背上书包，牵起她的手。

吴婧瑶看着男生柔和的侧面线条突然觉得，这个男生，挺好！

4

吴婧瑶决定要拼命读书了，高三第一次摸底考试她考得一塌糊涂。

在校园里那条安静的小道上，她拼命地读英语，读到嗓子冒烟时突然有人从后面递过来一瓶水。她转过头，是汤冰峰，嘴角挂着浅浅的笑。

吴婧瑶喝水的时候，汤冰峰一直盯着她看。吴婧瑶就和他开玩笑："你是喜欢我吗？干吗一直盯着我看？"

汤冰峰摇了摇头："女孩子要矜持，怎么可以随便跟一个不熟悉的人开这样的玩笑？"

吴婧瑶跳到他前面，看着他假装严肃的表情忍俊不禁："我们这样还不熟那怎样才算熟？"

汤冰峰无语。吴婧瑶看着他好看的眉眼说："我们大学如果还能在同一所学校就好了！"

"可是我的成绩那么好，你的成绩那么不好，我们怎么考同一所学校？"汤冰峰很认真地问她。

是啊，他们本来也是两条平行直线，如今的相遇相识，只是彼此倾斜了方向变成相交直线，可终究还是会朝着不同的方向延伸。怎么可能还会有交集？吴婧瑶有些小小的失落。

汤冰峰拍了拍她的头，"努力学习啊！我在高处等你。"

"啊！"

"不是说要考同一所学校吗？那你就要努力学习，朝着我的方向奔跑！"说着还比出自由女神像手举火把的样子。

吴婧瑶忍不住笑了。

5

高考如期而至。吴婧瑶出乎意料超常发挥。从考场出来，她几乎是跳着来到汤冰峰面前的。"我觉得题目好容易啊！"她抓住他的手臂开心得差点儿要转圈圈。可是说完她就觉得有些尴尬了，在一个年级第一名的面前说这样的话根本就是自招白眼。但是汤冰峰只是微笑着拍拍她的头说："那就好。"她抬起头来看着他满眼的温柔突然就脸红了。

放假后的第一个星期，吴婧瑶窝在房间里没日没夜地看动漫。正当她沉浸在戈薇和犬夜叉的煽情对白中时，班长打电话叫她出来聚会。

随便套上件简单的连身裙后她就直奔"好地方"去了。在路上遇见坐在她后面的男生胡正，吴婧瑶看着他一身正装还配着领带，当场就笑岔气了。"你当是相亲去啊。"一句话就把这个男生说得满脸通红。

还没进包厢两人就听见12班那群疯子的鬼哭狼嚎。吴婧瑶刚踏进去就被同宿舍那群家伙拉了过去，她坐在她们中间看着拿着话筒乱吼一气的男生和在底下完全不顾形象跟着跑调的女生，觉得这样的青春真是幸福得不像话。当轮到胡正上去时，他点了首《当》，即使底下的人们说他"俗不可耐""想琼瑶阿姨想疯了吧"，他还是一直坚持，白皙的脸涨得通红。

当音乐响起时，他清澈的声音潺潺而过："当山峰没有棱角的时候，当河水不再流，当时间停住日夜不分，当天地万物化为虚有，我还是不能和你分手，不能和你分手，你的温柔是我今生最大的守候……"

包厢里的人渐渐安静下来，他们看着这个可爱的少年，曾经的美好渐渐涌上心头，大家都微笑着轻声和唱。

青春里的感动有时候很简单，有时候一首陈旧的歌曲就可以让我们忆起那曾经的美好，哪怕现在看起来是俗气而幼稚的。

6

成绩出来后吴婧瑶跑去学校看光荣榜，她看到自己的名字前面的数字"33"。虽然在这之前就知道能进前五十名，但现在看到排名仍是忍不住兴奋。在这个含金量这么高的重点学校里能进前五十名是多么了不起啊。她这么想着忍不住就崇拜起自己来了，下意识地抬起头来，光荣榜上数字"1"后面还是那个熟悉的名字。

虽然我朝着你的方向奔跑，可你还是太厉害了啊，终究还是不可能同一个学校，哪怕我已经变得比以前厉害这么多。她转过身微微抬起头看着天空，笑了，那我们就各自加油吧！

7

火车站熙熙攘攘，吴婧瑶要踏上列车时，突然转过身拥抱了一下一直沉默不语的父亲，说了句"照顾好自己"后随着人流挤上列车。而站台上这个十几年未拥抱过女儿的男人却愣在了原地，很久之后才发现那个拥抱是真的。然后红了眼眶，孩子一样开心地笑了，哽咽着说："这个孩子！"

　　其实很多时候，不是父母不懂得爱我们，只是年少的我们不懂得珍惜。也许转过身拥抱一个你喜欢的人会让你觉得浪漫，但试一试转过身拥抱你苍老的父母吧！他们的爱被你误解了这么多年，一个拥抱一句问候足以让他们一辈子珍藏。

　　吴婧瑶刚坐下就收到汤冰峰的短信："回过头，我在你后面。"吴婧瑶激动地转过头，眼前的少年笑得灿烂："不是说好要上同一所学校吗！"

　　不是说好要上同一所学校吗！吴婧瑶幸福地笑了。原来，即使是曲终人散也总还有人愿意陪你为青春写上一个美好的句号。

有你陪我一起走

沐子眠

你是个外表文静的姑娘，皮肤白白的有点儿像瓷娃娃，这是我对你最初的印象。

真正开始熟悉起来是在我们成为前后桌的时候。上课期间，我常常在老师从讲台上走下来的时候用笔尾轻轻戳你的后背小声问道："老师讲到第几页了？"你每次转过身来都习惯性地用手推一下架在鼻梁上的眼镜，然后告诉我。你的声音软软糯糯，特别好听。

后来就慢慢开始了解你，喜欢许嵩，喜欢鲁迅，喜欢每一次走在路上都戴着耳机听音乐。

一起去教室、一起回寝室、一起去吃饭、一起散步、一起八卦、一起去图书馆看书……这是学生时代大部分女生的友谊吧。

后来越熟悉越觉得我们俩的性格太相像，遇到不公平的时候都情愿自己受委屈也不想去指责别人，从来不会主动为自己争取些什么，可以很长很长时间不说一句话，喜欢很多漂亮本子喜欢摘抄各种漂亮句子，喜欢简单明快风格的所有小物件。和你在一起看书的时候，宿舍里的女生们就喜欢指着我们："你们这两个文艺青年。"我们相视而笑，这种感觉很美好。

生日那天午夜十二点，我窝在被子里为自己守夜，没有告诉身边任何一个人，包括你。然而十二点一到，手机短信和空间留言一条接一条向我轰炸过来，我才知道宿舍里的姑娘们也都静默地为我守夜到凌晨，内心里的暖意肆意蔓延，说不感动是假的。你从你的床铺上爬起来，感觉你朝我递过来什么东西，晚上宿舍熄灯了所以我只好用手机屏幕的微光对着你，你手中拿着一本书，封面上"小王子"三个烫金大字映入我的眼帘。《小王子》这本书我在你面前提过很多次，学校图书馆里找不到，在市里书店看到的又全部都是注音版。你知道我的强迫症太厉害，不喜欢看注音版的书。你在我接过书的时候轻声对我说了句"生日快乐"，马上又告诉我说，"这本不是注音版的哟，我几乎跑遍了市里的每家书店好不容易才找到这么一本呢。"我躺回被窝的时候，眼睛里开始涨潮。

有一次中午我借你的笔记本抄笔记，随手翻开的时候，里面掉出来对折好的几张纸，一不小心就看到里面写了我的名字。好奇心会杀死猫，于是我鬼使神差地把那几页纸展开偷偷地看了起来。你把我所有的优点都写在上面，写我们经历过的种种有趣的事和我们平淡无奇的小生活，还有我说过的连我自己都没有印象了的话。看完我像个小偷一样努力把那几张纸恢复原貌然后夹进笔记本里，等你回到教室的时候装作若无其事地还给了你。我不敢告诉你我偷看了你写的东西，所以我也不敢表达当时我有多感动。

在这件事情过去很久之后我终于向你说出了实情，我说其实我看了你夹在笔记本里的东西，你说："小骗子，你知道吗，刚开始我的直觉就告诉我你肯定看到了，但是你把笔记本还回来的时候一脸云淡风轻，我就被你装出来的光明正大给骗了！"说完就一脸嫌弃我的表情。我说："我错了还不行吗？"

有个周末我带你来我家里玩，带你去吃非常有特色的麻辣烫和烧烤，带你去我小姨家和我们一起包饺子，还突发奇想给彼此取外号。那天下午你用我的电脑登录了QQ，然后直到你走了都没有下线。晚上我发表了一个状态，然后你的QQ图标马上就弹出了消息提醒的小窗口：QQ空间特别关心，黄梦瑶发表了说说。我偷偷地笑了。

胡淑啊，我现在一遇到什么新鲜事情就想要说给你听，我不管跟你说了什么你都会马上回应。分享彼此所有的开心或者难过，我们要一直都像这样走下去，走到很远很远的以后。就这么愉快地决定了。

谁的纸条在飞

泉　歌

外面下着小雨，微凉。

无意间翻开抽屉，看到一沓沓整齐的纸条，静悄悄地躺在那里，刹那间，鼻子发酸。

中学时代，课上的纸条满天飞。

那时，老师一背过身，纸条就开始飞速转移，那速度、那阵势、那默契，如今想来，小心脏还是会扑通扑通地跳。

1

翻开最上面的一张纸条，是一串数字，没有署名。

但我知道，是他。那个有着阳光般微笑，每天用各种方法哄我开心的男孩儿。

我鬼使神差跑到电话前，认认真真按下这一串号码。

"对不起，您拨打的电话是空号，请查证后再拨。"

我记得，他递给我这串号码时，摆出无所谓的神情，"你无聊可以打这个号，空号，随便拨。"

当晚，我按下号码，他的声音却出现在电话尽头。

我慌了，赶忙挂掉，却绯红了脸庞，毫无准备的开场白，竟然是慌乱中挂掉电话的"啪——"。

隔天，我气呼呼地质问他，他笑呵呵没有作答。

之后的很多个周末还有我最失落的夜晚，我都会抱着电话对着那端玩世不恭的声音说："记得明天给我带早饭。"电话那端也总会满腔不屑，"你长得真美，你想得更美！"

可是，第二天早晨，我的书桌里都会多一份热乎乎的早餐。

有人说，每个幸运的女孩儿身边都会有一个心甘情愿的男孩儿，哄她开心，陪她说话，失落时借她一个肩膀，开心时让她使劲儿掐自己的脸。

年少的爱情总是无疾而终，而这样的友情，却会一直陪伴他，很多很多年。

那个男孩儿，我们之间的故事，无关风花雪月，却给了我那么多温暖的时光。

2

一张淡蓝色的信封，在一堆白纸里，显得突兀，就像我望向你时淡蓝色的心情。

轻轻打开，回忆瞬间袭来。

上面是你潦草却仍见清秀的笔迹。

"我喜欢你。"这四个字不停地拨弄我的心弦，嘤嘤成韵。

每天，我转过身和你讨论数学题，和你开各种玩笑，和你打闹。

那时，你会假装挖鼻孔让我看，会撒娇地让我帮你做这做那，会和我抢好吃的，之后又推给我说："你吃吧，等下又说我欺负你。"

再后来，我故意疏远你。你问我原因，我充耳不闻。

我明明看见你和另一个女孩儿一起吃饭，她抱着你的腰坐上你的单车。

我有我的骄傲。

就这样，我们成了咫尺天涯的陌生人。

我一直没有讲出口的是："我也喜欢你。"

但是，过去的已经过去。

嘘，别再惊动了少年。

3

和闺密传的纸条最多，也最暖。

"××好帅，他今天和我打招呼了。"

"别不开心，下次一定能考好！"

"昨晚，我看见英语老师和他男朋友了，可惜我没戴眼镜，没看清长什么样儿。"

"我带了好多好吃的，下课速来，不然没你的份儿。"

"你就是妒忌我比你高，死丫头！"

我们深知彼此，心疼彼此，全心全意地爱着彼此。

我们一个像夏天，一个像秋天，却能把冬天变成春天。

如果不是你，我不会相信，朋友比情人更懂得倾听，我离不开你，就像离不开空气。

4

岁月静好。

纸条上的字迹已经慢慢淡去，甚至轻抚的时候，沾染了满指的灰。

我才发现，我们撒野的时光原来走了那么久。

我想，我开始明白，我们要珍惜的除了今天，还有未来。

不打扰，是我给你的温柔

冷锋过境

1

当我挎着书包抱着一份三流的成绩单走进这所三流学校的那一刻，我就断定自己从此踏上了一条不归路。我原本打算继续昏昏欲睡状过完我三年的高中生活再说，可当你被调到我的邻座时，我却突然觉得这接下来的日子应该有点意思。

我们终究是不同的，生活在同一个世界却身处不同自然带。你温暖、静谧、可爱、聪明，默默地坚守着自己心中的一片雨林，谁都不能否认你是一个品学兼优的好孩子，你像极了九把刀笔下的沈佳宜，却比她更加美好。而我的世界一片荒芜，上课睡觉下课打闹，成天无心向学，喜欢和兄弟们成帮结队到处生事，是老师们恨不得钻头加钳子合力拔掉的眼中钉。我做过柯景腾做过的坏事，甚至比他更恶劣。所以我一直都没整明白，老班怎么就把我和你放在一起了。终于，在我无数次上课下课盯着你冥思苦想之后，得出一个自恋的结论——我们看着有眼缘或者有夫、妻、相!

在我不小心把后面三个字加重语气之后，我就开始后悔自己把这话给说出来了。瞬间觉得背后凉意四起，你恶狠狠地瞪了我一眼，外加毫不留情地一踩……大姐啊！这是我娘亲刚给我洗白白的鞋子啊！！原来你也有这么暴力的一面啊！

2

听别人说，习惯一件事至少需要二十一天，可是却没有人告诉我戒掉一个习惯需要多久。

我又一次从睡梦中醒来，不假思索地拿起笔和本子整整齐齐地把板书抄了一遍，然后随手往右边潇洒一扔，头也不回地等着一句"你小心点好不好，又砸我头了"。可是，一秒，两秒，五秒……我尴尬地把头往右一转，果真看到老狼无奈地盯着我摇了摇头。我又忘了，现在的同桌，不是你。

高一那会儿，我们坐在倒数第三排的窗边，你有些近视，还没去配眼镜，每次抄板书都很吃力。我也不知道当时的自己是哪根筋搭错了，竟然会为了让你下课不用到处跟人借笔记，放弃掉大把大把睡觉玩手机打游戏的美好时光而开始抄板书。你们这些喜欢啃书的好学生永远也不会知道，一个十多年来几乎不做笔记的人要连听带记需要多大的勇气和毅力。可是连我也不知道，自己竟然可以战胜睡魔坚持下来。

我当时多么感谢老天赐予我一双明亮的眼睛，可现在视力再好又有什么用呢，就算望眼欲穿也穿不过六面墙。现在的我们不同，我抄写的是碳氢氧氮磷，你记下的是亚非北南美。其实当初文理选科的时候我也纠结了很久，但最后还是跨进了理科的大门。以我对你的了解，你一定不会欣赏一个为了感情放弃梦想的男生。

我知道我们的距离并不是隔着一条长长的走廊那么简单，但每次下课都还是会找机会故意路过你的班级——你们文科班的老师总爱拖堂，所以大多数时候会看见你在认真地听讲。你已从倒数第三排搬到第二排最中间的位置，板书看得一清二楚，不需要再借任何人的笔记。听说你还配了眼镜，可惜一直没机会看看你戴的样子。我每次以蜗牛般的速度经过你的门口，都会遭到兄弟们的一声声起哄，于是拖着他们赶紧走过。有一句被嚼烂的话怎么说来着，不打扰是我给你的温柔。

3

一个朋友跟我说：这种近距离的感情根本让人分不清是真正的喜欢还是一种习惯，如果当初不是她而是别的女生和你同桌，那你喜欢的一定不会是她……我把这些话想了又想，挤破脑门儿终于得出一个结论。是的，如果有那个时候我喜欢的可能不是你，但我不一定会喜欢另一个女生。因为，有些连我自己也无法描述的特质，只有你身上有。

我一直都无法理解你一个女生怎么那么喜欢在课桌上画一坨又一坨的屎。有一天我终于忍不住发问，你睁着大眼睛转过头来一脸疑惑地说："这是便便不是屎。"我瞬间三条黑线，"大便和屎不是同一种东西吗？！"没想到，你转过身去特认真地边画边说："便便它们是可以变成懒羊羊和冰淇淋的。"然后，看着你三下五下地把传说中的——屎、便便——变身之后，我彻底服了。

总有一些"见不得人"的事儿是只准自己一个人独享的，比如——我会逮着你晚修没来的日子偷偷学着你手持2B铅笔小心翼翼地将课桌上你画的图案描黑，再小心翼翼地用透明胶带粘下撕起把被印着的图贴到课本上。

我家有一个木制的小盒子，里面装的全都是与你有关的回忆。

4

总爱狐假虎威的化学老头儿又在讲台上喋喋不休地重复着那些烦躁的化学方程式。老头儿一般不屑于和我们这班占据教室后面领地的体育生打交道，今天竟然点名让我起来回答问题。本来逮着机会想和兄弟们好好捉弄捉弄他的，却不小心瞥到了黑板右下角的值日生号。如果是一年前，今天就该我们一起值日了吧。

那时候，每次一轮到我们值日，我就会异常兴奋（天知道以前值日我都是能溜则溜的），所以常常会在那天制造更多的垃圾；每次扫地都会扫得很慢；明明一桶就可以装满的垃圾我偏要分成两桶，这样你就会和我一起去倒……有一回你不小心打翻了一个玻璃瓶，碎片在我手上割了好大一个口子。细致如你，随身携带的创可贴立马给我贴上。当时我多么希望你问我说你该怎么负责，那么我一定会让你选择终身为奴或者以身相许。当然，这些邪恶的玩笑只是想想而已，你始终没有说过那么滥情的话。而我，最后还特别厚脸皮地跟你又要了一块创可贴，就当作你给我的补偿吧。

5

平安夜那天，我终于鼓足勇气拦下了你，把去年没敢送出的苹果迅速放在你车篮后扬长而去。不用看也知道你一定愣了三秒之后才反应过来，指着我们远去的车子"喂喂"地喊。经历了这件事，你才知道我喜欢你不是平时的玩笑。

一个多星期后的傍晚，我从教室出来已没有什么人，刚好撞见不远处一个眼镜男拦下了你，这场面用脚趾头想也知道叫作告白。那时候，我待在那里甭提有多紧张，就生怕你答应了。而后，看着你嘴型好像说了句"对不起"之后就匆忙离开。经过我身边时才发现了我的存在，你抬头尴尬地看了我一眼后似笑非笑地点了个头便跑下楼去。我看见眼镜哥错愕地往我这边瞧了一眼，一脸沮丧，我突然心生一股胜利感，双手插兜嘲讽似的看着他，像是宣战，也不知道自个在自豪个什么劲儿。

下楼的时候看见你掉在地上的书签——喜欢的歌，静静地听；喜欢的人，远远地看。这一定是你喜欢的心情，因为你总会有用繁体字认真誊写自己所钟爱的文字的习惯。"喜欢的歌，静静地听；喜欢的人，远远地看。"我不断叨念，似乎想用力地雕刻在心里。

几天后，我在新一期的校刊上又看到了这句话，那篇文章中有一些字句一直让我记忆犹新——青春里最美好的事情不是他说我喜欢你然后你说好我们在一起，而是你会因为这份情愫开始努力让自己变得更强大……喜欢一个人不应该是心力交瘁地长久仰望，而是你可以勇敢地与之平视毫不怯场……这位笔名"木鱼"的作者一定是你，对吧？

6

那一年，高一。文理选科的两三个星期前，某天，你突然对我说："我知道你很讨厌我，我能谅解你的，我要是你，早就因为有我这样一个同桌而崩溃了，再忍忍吧，再过两个星期你就解放了。"

我听完哼着歌说："是呀是呀，终于我要解放了。"

可是你知道吗，我当时想说的真的不是这个。那时候我多么希望你可以再恶狠狠地瞪我一眼，或者带点失望的表情让我知道其实你也是会舍不得，可是你没有，所以我始终都不知道你是真的一点都不在意，还是把在意藏在心里，所以我一点儿也不知道你对我的感觉或者你是否有把我这个同桌当回事。

教室后面的高考倒计时已由三位数变成两位数，再过几天就要一模。现在依旧会对你充满想念，也依旧会想方设法参与你的生活。上次看到了你一直在进步的成绩，我依然很是开心。

我的体育成绩过本科线了，可我的文化课依旧一塌糊涂。我突然想起"木鱼"说的话和你对我说要加油的表情，所以，我终于决定，要带着你所说的喜欢完成青春岁月里最美好的故事。

洛丽塔的小洋装

虫　子

1

我不喜欢苏琪琪，不光是因为她是我见过长得最好看的女生，更重要的是她有着优越的家世和高不可攀的成绩，她仿佛成了老天的宠儿，所有的优点集聚一身。

可是这样优秀的她却戏剧地成为我的同桌。

那个时候班级里流行互帮互助制，也就是成绩好的同学帮助成绩差的同学补习功课。我想，老班之所以会把一直稳居年级前三的苏琪琪调到我身边，一定是对我那始终倒数的分数深恶痛绝。

爸爸说，期中考试每门成绩上80分，就给我买洛丽塔的小洋装。

要知道我生活在一个普通家庭，去年妈妈下岗，爸爸也只是在一家小规模的公司里当个文员，工资少得仅够维持生计，可他却硬着头皮将一向成绩平平的我塞进了重点高中。这里的花费自然要比一般中学高很多，所以洋装什么的，对于我来说，都是浮云。

而本就不出色的我在人才济济的校园内更加黯淡了，面对这样的我，爸爸也是无可奈何。一天，当他接到老班打来的电话时，灰败的眸子里散发出星辉，点点放大。那个电话的内容，主要是苏琪琪成了我的同桌。爸爸一下子犹如看见了救命稻草一般，便和我提出上面的条件。

2

今年的我十五岁，和所有处在花季年龄的女孩儿一样，都有着一个公主梦，穿着漂亮的小洋装出现在大众的视线里，就像苏琪琪一样。

此时的她，穿着紫色的泡泡连衣裙正在给我复习上节课老师讲述的重点，烫得卷曲的头发慵懒地耷在胸前，在水晶发卡的装饰下，熠熠生辉。可能我看得太过入迷，苏琪琪那张白皙的漂亮脸蛋在魔术师的魔杖下轻轻一挥就换成了自己熟悉的脸孔。我幻想着我穿上苏琪琪的衣服，坐在教室里给别人讲解难题。

终有一天，我一定会穿上洋装，优雅得像个高贵的公主！我默默地在心里告诉自己。

但是老天似乎并没有眷恋我的意思。期中考的试卷纷飞而来，苏琪琪再一次拔得头筹，而我偏偏功亏一篑，只有语文一门离目标差了点儿，考了77分。我把试卷从头到尾检查了一遍，希望老师有批错的地方，可是，没有！我又把分数加了一遍，还是，没有！垂头丧气之际，苏琪琪提出了一个建议，"你的作文扣了7分，把7改成2，还是蛮容易的，这样下来，成绩刚好82分。"

我觉得办法可行，二话没说拿起红笔沿着老师的笔迹临摹，对着近似看不出动了手脚的试卷，我第一次跟苏琪琪说了声，"谢谢！"她有丝惊诧，但很快，笑了起来。

那天，云淡风轻。我壮着胆子将试卷递给了爸爸，一阵无声后，我看见他偏黑的脸上露出久违的笑脸，我知道我的伎俩蒙混过关了，心情也由先前的忐忑变得轻松，抬头仰望窗外的天空，远处的白云开始浮现出苏琪琪的笑脸，那一刻我觉得自己应该感激她。

可命运从来都是为别人开一扇窗，又瞬间将这扇窗关闭。爸爸打给班主任的电话只是想表达一下欣喜的心情，还有感谢老师让好学生苏琪琪成为自己女儿的同桌，却没想到事情的真相浮出水面。

"小闲，真是很可惜啊，语文考了77分，不然成绩能排到班级前15名呢！"

那天之后是怎样的场景，我不记得了，只记得当我说出这一切是苏琪琪教我做的，爸爸恨铁不成钢般的失望。

"苏琪琪是一个成绩优秀的学生，怎么可能会做出这种事情，一定是你想裙子想疯了，涂改试卷的。"

"小小年纪，不仅撒谎，还推卸责任，莫小闲，你想要的衣服，我是绝对不会给你买的！"爸爸说完，就走进卧室，丢下我站在客厅里面壁思过。

3

这一定是苏琪琪事先设计好的，让我撒谎并被爸爸识破，因此我开始讨厌苏琪琪。连平日里她给我讲解难懂的题目，都不予理睬，一个人抓耳挠腮地写写画画，完全无视待在我身后的她。

不知不觉，过了一个星期，当我都快忘了还有一个名叫苏琪琪的女孩儿坐同桌时，是她一如夺目的钻石，穿着亮白的蕾丝裙，闯入我的视线。

"这周五是我的生日，我想邀请全班同学去金帝大厦吃饭，希望大家都能来，好吗？"

话音刚落，大家议论纷纷，内容无非是羡慕、嫉妒之类的。苏琪琪站在讲台上，如高贵的孔雀，笑得就像她左耳边别着的那朵金灿灿的向日葵发饰。我有些鄙夷地趴在桌子上，百无聊赖地转着手中的圆珠笔。

"小闲一定要来哦，因为你是我最重要的朋友！"苏琪琪说话的时候，清亮的眸子直直地看向我，散发出坚定的光芒，似乎那目光有种魔力，会让你轻而易举地相信她所说的话。

我是徒步走到金帝大厦的，由于地处繁华，我否决了打车这一奢侈的行为，加上下班放学的高峰期，公交等得也是相当闹心，最终做了徒步行走这个决定。

其实，原本苏琪琪是叫我和她一起乘坐她爸的车，但当我看见那是辆线条流畅车厢宽敞的轿车后，就拒绝了。

"你一个人走路过来要到啥时候，别的同学不是父母送去，就是打车走了。"

我忽然有些恼怒，狠狠地甩开她的手臂，冷冷地回应着，"当然，我也可以选择不去！"

苏琪琪被我弄得没有办法，只能坐着老爸的香车先行离去。

等我到的时候，已近正午，奇怪的是，整个宴席还没开始。苏琪琪一眼看见门口的我立刻扑了上来，热情地挽着我的胳膊，笑眯眯地说，"你来晚了，大家都在等你呢！"她好像并不生气，拉着我走向餐桌的上座，坐在她爸爸的身边，我有丝窘迫，站了起来，苏琪琪却拍了拍我的肩膀，示意我坐下。

今天的她穿了件粉色的公主裙，带了同样粉嘟嘟的蝴蝶发箍，像个甜美可爱的精灵，不停地在席间穿梭，举止优雅。

有的人一出生注定是公主，有的人虽然历经千辛但还只是个灰姑娘，这其中的差距并不是靠一件洋装可以弥补的。

我意识到这个的时候，一声尖叫吸引了在场所有人的注意，大家迅速跑了过去，围了起来。

"那是什么，蜘蛛侠吗？"

"好酷哦，这可是十二楼的高层！"

……

我的个子比较矮小，穿过重重阻碍后，也被眼前的景象惊住。

宴席安排在金帝大厦的十二楼，对面是玻璃墙，透过玻璃可以看到整个城市的风景，还有那个让大家惊讶的男人。此时正值深秋，风儿萧瑟，凛冽又很张扬，整根绳索被吹得摇摇晃晃，他却不为所惧，继续吊着威亚擦拭落地窗户。而就在这个时候，有人失声喊道："莫小闲的爸爸！"

我不停地拍打着窗户，呼唤着。窗外的爸爸显然听到了我的声音同样吃惊地看着我，第一次我感到从未有过的羞愧，低头的间隙，余光瞟到不远处苏琪琪的父亲，他西装革履地坐在上座，眼睛迷离地看向这边，对着我微笑，而我的父亲竟然堂而皇之地出现在大众视野里，顶着冷风，冒着生命危险，艰难地擦拭窗户。

整个过程，所有人的议论像被磁场干扰，停顿了一下，再次以更大的声音开始了新一轮的讨论中。

"莫小闲的爸爸不是坐办公室吗？"

"什么时候改行蜘蛛侠了？"

"难道她在撒谎？"

……

这场生日会上，我就像一个跳梁小丑，被人扒光了衣服，表演一个名叫"万箭穿心"的节目，最终遍体鳞伤，只能提前谢幕。

4

意识到这又是苏琪琪设下的圈套，我一边咒骂自己，一边惶恐地从酒店逃出。

为什么这么傻，每次都会上当！

我假装没有听见苏琪琪的呼唤，在空荡的大街上乱逛，被冻得发抖，最终发现无处可去的时候，回了家。此时已值深夜，爸爸一个人坐在沙发上不停地抽烟。

望着灯光下的他，越发的老态，心里开始难受。可是这种感觉被骄傲的自尊打败，我几乎是怒气冲冲地跑到他面前，质问道："你不是在办公室上班吗？"

他有些尴尬，连吸了几口烟，才缓缓开口，"你也知道公司很小，裁员很频繁的……"突然他看着我，嘴角张开大大的弧度，"其实你看，这份工作也很不错，最近蜘蛛侠很火，许多人都在模仿蜘蛛侠，我不用模仿就已经是了，很威武呢！"说完，还将右手的中指和食指并拢在额前一挥，摆了一个很帅气的pose。

我哭了，哭得很伤心。连待在一边的爸爸也不知如何是好，慌乱地拿过茶几上的抽纸巾，递了过来，"小闲，不哭，都怪爸爸不好，等这个月开工资了，爸爸给你买你喜欢的小洋装……"

我一把打翻他递过来的纸巾，愤愤地说："我不要小洋装，我也不要一个蜘蛛侠爸爸！"

刚说完这些我就后悔了，我甚至不敢抬头看他的表情，只是看着日光灯下他的身影有丝轻微地晃动。

5

有些伤害是指甲，减掉了还会生长，无关痛痒；有些伤害是牙齿，碰掉了会有个伤口，太过疼痛以致无法弥补。

我想苏琪琪给我的伤害就是后者。

第二天，我来到教室，刚进门口，就看见迎上来的她深情地望向我，波光粼粼。

"小闲，对不起，我昨天并不知道……"

就在她继续述说的时候，我已经绕过她，来到座位上，收拾书包，准备上课。

一天中，苏琪琪就像个幽灵一般无时无刻出现在我的面前，想要表达她的歉意，而我总是很适时地漠然离去，连她利用课间操的间隙在我的抽屉里塞了封道歉信，也不留情地当她面揉成一团给扔进垃圾桶里。顿时她泪如雨下，趴在课桌上的两个小肩膀不停在抖动。突然，我有了一瞬间报复的快感。

中午放学，苏琪琪继续趴在课桌上，梨花带雨。我没有理睬她，一个人去了食堂打饭。

吃饭时，食堂悬挂的电视机播放着十二点档的午间新闻：是一起意外事故，一个清洁工人不幸从楼上摔了下来，事件发生的地点正是爸爸所在的金帝大厦。我犹如五雷轰顶，刚把送往嘴里的筷子放下就急忙冲了出去，来到食堂门口的时候，正好撞到迎面而来的苏琪琪，她的眼睛红肿，显然是哭了太长时间的缘故。

她见我慌乱的神情，抽噎着询问道："小闲，怎么了？"

"逃课！"丢下两个字，我便准备往学校大门跑去，却被她一把拦住。

"你忘了今天是公开课，下午市领导还要来我们班听课呢！"

苏琪琪这一提醒，我才想起上午老班还屡屡告诫我们，下午上课的时候一定要遵守课堂纪律，不能迟到早退。

可是刚才的新闻……算了，大不了被退学，反正我在这个重点高中也是浪费金钱。我甩开苏琪琪拉着我的胳膊，继续前行。

来到事故发生地点后，这里已经被围得水泄不通。发现那个人不是爸爸后，我才暗暗松了口气。这时苏琪琪从天而降，拉着我挤出人群，指着马路对面等待绿灯通行的行人，说："小闲，那个人长得很像叔叔！"

是爸爸，没错！他拿着一个包装精美的袋子和我在宽阔的马路上遥望彼此。

"对不起，害你担心了，"爸爸像个犯错的大男孩儿一样低着头，"其实，我是想给你一个惊喜的。"说着，就将礼品袋递了过来，那是一条洛丽塔的小洋装，可是此时的我根本无暇打量衣服，看着眼前完好健康的爸爸，张开双手用力拥抱着。

迫于那个伤者是爸爸的同事，一时间没有联系到他的家人，爸爸便自告奋勇地跟着120过去。临走前，知道苏琪琪就是我的同桌后，爸爸还表扬她一翻，并拜托她在学习上照顾我，苏琪琪被夸得不好意思，脸涨红涨红的。

回来的路上，瞥见苏琪琪红扑扑的脸蛋，没好气地说："我逃课，你跟出来，干什么？偏偏还是这么重要的日子！"说出这句话的时候，我的底气明显不足。

"难道你可以逃课，我就不可以吗？"

"可是这和你跟出来有什么联系？"我问。

时间停滞了几秒，直到一个犹如蚊蝇的声音发出，"因为，我担心你！"

不知怎的，我觉得像是听到世上最好笑的笑话，笑了起来，苏琪琪却一脸着急。

"你当时的样子很急，知道公开课还要逃课，我想一定是有很重要的事情，到了现场，才知道这里出事了。"

我的表情一下严肃起来，"为什么？"

"我那样对你，你还……"

苏琪琪脸上的红晕还没有散去，脸部再次聚集更多的红细胞，就像熟透的红苹果。

"因为你是我最重要的朋友！"

这句话仿佛一道咒语打通了我的七经八脉，令人神清气爽，连后来老班盛怒的样子也觉得和蔼可亲。不过幸运的是，那天市领导们没来，教学公开课被改在下周，因此，我和苏琪琪也仅仅被罚各写了一份检查，不过苏琪琪外加打扫一个月的教室卫生。

缘由还得归于苏琪琪主动揽下逃课主导者的罪名，她提议逃课的。她说如果不这样撒谎，老班一定会把她从我身边调开的。

她还向我道歉，"自从上次生日会，我无意中刺伤你的自尊觉得很抱歉，你是个敏感的女孩子，我想要的只是，更好的保护你。"

6

后来的一个月里，傍晚的余晖中，总是能看见两个女孩儿在教室里打扫卫生的身影。当我提出留下来帮忙打扫的时候，苏琪琪难以置信。

"为什么？"

我笑而不语。

是谁说的那句，"因为你是我最重要的朋友！"

你是我的英雄

十八年的秘密像座山

雪绒花

我四岁那年，刚刚学会同自家的大黄狗在一起玩耍的时候，忽然见到家里来了许多身穿孝装的人，后来才晓得久病缠身的妈妈撒手人寰了。妈妈入土的一瞬间，你扑在红漆棺材上捶胸顿足地号啕大哭，过去许多人才勉强把你拉开。

从此，你像丢了魂似的，一个人蹲在院落里吧嗒吧嗒拼命地抽着旱烟。孤独无助的我每每想靠近你，都被你瞪起眼睛，冷冷地呵斥着躲开。幼小的我饱尝了失去母爱的滋味，开始有意地讨厌你，认为你是一个冷酷无情的父亲。

你白天要出去做工，不得不把我锁在院子里，我唯一的同伴就是那条大黄狗。

记得那天你临走前给我煮了七八个鸡蛋，算是我一天的干粮。岂不知馋嘴的大黄狗一个劲儿地向我撒娇，哄得我心花怒放，我不计后果地把一多半鸡蛋给了它。等我肚子咕咕叫时，抬头看见太阳还高高地挂在天空。我站在板凳上扒着墙头向外看，直到暮色四合、天上布满点点繁星的时候，你的身影仍没有出现。

饥饿与恐惧紧紧包围着我，委屈的泪水扑簌簌地落下来，染湿了粉红色的小肚兜。

我搂着大黄狗迷迷糊糊地睡着了，梦中见到你走在前边，我迈着小脚丫拼命地跑，却怎么也追不上你，急得不禁哇哇大哭起来。直到有人轻轻唤醒并抱起我，我才知道是你回来了。

那一夜，我恍惚觉得你一直未合眼，守在房间里一声声悲哀地叹息着，仿佛要发生什么不好的事情。

第二天是个令我永远难忘的日子。一大早，你就睁着熬红了的双眼，破天荒地亲自给我洗了个热水澡，又换上一身新衣服，而后叫我坐在床上静静地等候。没多久，你把一个三十多岁的漂亮女人领进屋来，眼神里满是无奈地朝我苦笑着说："以后，这就是你的新妈妈了，她会非常疼爱你的。"

尽管我讨厌你，但骨子里还是那么依赖你，毕竟那时我在这个世上唯一的亲人就是你了，所以我怯怯地蜷缩在墙角，迟迟不肯去拉那个女人的手。直到你发火了，重重地打了我，我才哭叫着被那个女人领走了。走出很远时，我回头还看见你呆呆地倚在大门口，脸上似乎有东西在缓缓向下流淌。

尽管如此，我还是恨你，我刚刚失去母亲，你就如此绝情地把我像小猫小狗一样送给了别人。

我开始管领养我的漂亮女人叫妈妈。

后来我才知道，新妈妈结婚多年一直不能生育，因此把我视作亲生女儿，在生活上无微不至地呵护我、照顾我。一颗幼小孤独的心是最容易被温暖的，我很快开始甜甜地一声声叫着"妈妈"和"爸爸"，快乐地融入了新的家庭。

我似乎忘记了曾经的身世，也忘记了那个狠心抛弃我的亲生父亲。

在新妈妈的培养下，我渐渐长大了。可在读小学三年级时，我和小伙伴上山玩野炊，从林子里采了一大堆色彩鲜艳的蘑菇，学着大人们的样子放在锅里煮。结果那次，馋嘴的我吃得最多，不一会儿便感到天旋地转、四肢抽搐，倒在地上失去了知觉。

等新妈妈、新爸爸闻讯赶来时，我中毒时间已超过四个小时，奄奄一息，几乎感觉不到心跳。我在医院重症监护室里整整昏睡了三天才睁开眼睛，模模糊糊的视线中，除了新妈妈、新爸爸焦虑万分的表情，还有另一张熟悉的面孔。

好几年没见面，你苍老了许多，整张脸又黑又瘦，两鬓间也出现了丝丝白发。你隔着玻璃见我醒来，就把眼睛睁得大大的，祈盼地望着我，嘴巴微微翕动了几下，似乎想说些什么。

幸运之神眷顾我，没有让我的生命从这个世界上消失，但是却使我落下了胃痛的后遗症。守在医院整整一个月的你知道后，却忽然间同新妈妈、新爸爸告辞离去。

我以为你会一去不复返，没想到又过了半个月，等我出院回到家里静养的时候，忽然听见有人在楼下喊新妈妈的名字。我顺着窗户朝下一看，你满脸汗水地站在炙热的阳光下，肩上还背了只鼓鼓囊囊的蛇皮袋。

等新妈妈和新爸爸把那只蛇皮袋抬回家里的时候，才知道你从一位民间老中医那里想方设法讨来一种专门治疗我胃病的草药土方，并且不辞艰辛地到大山里转了快半个月，才采集到这一袋子中草药，嘱托新妈妈把它熬成汤药定时定量给我喝。

望着你疲惫不堪的身影渐渐地消失在远处的公路上，我的心里顿时涌上来一股说不出的酸楚，泪凝于睫，几欲滴落。

以后，你每次来都要背上一口袋草药，却从未上楼看我一眼，甚至连口水也不喝，把东西交给新妈妈后就转身匆匆离去。我那时的想法是，一定是你把亲生女儿送人了，心里感到太愧疚才不敢见我的。

九死一生的我，异常珍惜失而复得的健康身体，为了报答新妈妈、新爸爸对我的爱，我开始发奋读书，成绩如院墙边雨后的常青藤般节节攀升。

期间，我再也没有见过你的身影出现。听新妈妈说，你一个人到南方打工去了，而且每隔一个月就给她打一次电话，询问我的身体和学习情况。其实在一个少女懵懵懂懂的成长岁月中，并不是要刻意地把你忘记，毕竟在我的心灵里，总也挥不掉你抛弃我的那段刻骨铭心的记忆。

你用那些草药治好了我身体上的疾病，难道也想用它们抚平我心灵的创伤吗？

接到你病危的消息在是我读高二的暑假前夕，那天新妈妈急三火四地赶到学校，向班主任老师请了假，而后拉着我的手登上火车直奔南方的一座小城。

在医院的重症监护室里，躺着一个瘦弱得简直叫我辨认不出的人，浑身几乎只剩下一张干瘪的皮裹着一副骨架，满脸蜡黄，眼窝凹陷。

医生告诉我们，你是在病入膏肓的状况下昏倒在工地上的，垂危的生命已经无力回天。

见到我，你努力地睁开眼睛，让医生把一份东西交到了我手里。除了一份遗书，还有几十张存折，加到一起整整是十万元。看着我和新妈妈含着泪水把那些存折收好，你终于隔着玻璃现出欣慰的笑，然后安心地闭上了双眼。

当读完你留下的遗书时，在人生旅途中度过了十八个春秋的我，终于知晓了关于你的一切秘密。

原来，在妈妈去世的前夕，你就被医生检查出来患上了一种罕见的慢性传染病，虽多方求医却难以治愈。为了不让我感染，你从来不敢亲近我，甚至连抱一下亲生女儿都成了最奢侈的事情。

为了我的健康，你故意板起脸呵斥我，有意让我讨厌你、憎恨你，从而实现把我送人收养的目的。我被新妈妈领走的那一天，你在门口一直望着我，心碎成了千万瓣，你说像天坍塌了一般。你在床上昏昏沉沉地蒙头躺了三天，多亏邻居们苦心劝慰，你才坚持着活下来。

在倍加思念女儿的日子里，你只有通过拼命工作来求得解脱。为了使我能在新的家庭里安心生活，斩断这份血浓于水的父女之情，你忍痛去了南方打工。这些年来你省吃俭用，甚至发病时也不舍得就医，却为我整整攒了十万元将来上大学的费用。

十八年来，你虽然不在我的身边，但却早已把所有的爱化成了一座大山，默默庇护着女儿一天天长大成人。

如今你已经远离心爱的女儿去了另一个世界，九泉之下还能听见女儿一声声迟到的呼唤吗？

"爸爸——爸爸——"

我的闺密，我的女超人

杨西西

我觉得我和你像闺密了

那天，我向你坦白："妈，我觉得考一本好难，要是我只考上了三本，怎么办？"外带上可怜兮兮的眼神。你吐了一口气，眉毛扬起，夹起一块鱼放到我的碗里，轻松地说："我还以为是什么事情呢。好好读呀，能考上什么就是什么。"我用不敢相信的眼神看着你，你竟然没有打我！我都做好挨打的心理准备了。记得小时候，有一次我考了90分，而你的最低要求是95分，于是你就拿了一根细柳枝抽我的手心。我用手比画着："记得吗？用这么长这么细的柳枝打我。"你扑哧一下笑了，我看着你，也跟着笑了。

我没有因为成绩不好就放弃学习，正如你没有因我叛逆就放弃我。我记得初一和班上同学去溜冰场玩，还经常逃课，堕落得一发不可收，在大家眼中，我就是名副其实的"小太妹"。是你，冲到溜冰场，扬手给了我一个耳光，揪着我的耳朵带我走出那个乌烟瘴气的地方。我跟在你背后，边走边哭。

回到家中，爸爸抬起手向我打来，是你，毫不犹豫地挡在我身前。爸爸怒气未消，推开为我做挡箭牌的你，粗暴地向我身上打来，我的身上立刻起了青紫交加的伤痕，我哭得声嘶力竭。是你，冒着外面的大雨，跑到药店为我买来药膏，你到我的房间安抚我。我故意拿被子捂住头不理你，你里小声地啜泣。最终，我妥协了。你打开药膏为我上药，我在你面前哭得像个孩子，向你保证，以后绝对不会去溜冰场了，你哭着笑了。

从糖果店到超市

阿姨看了看我，笑着对你说："长得越来越不像你了，越长越漂亮。"我害羞地低下头，你不高兴了，称完糖果后拉着我的手就走。一边走还一边小声地对我说："你看我的眼睛，好看的丹凤眼，你硬是没遗传半分，还有眉毛，啧啧，就这眉毛还有点儿看头，和我一样浓。"

我在一旁翻白眼，装出一副不开心的模样，其实心里开心得不得了。我觉得我们现在好像没有隔阂，就像闺密了。

你带我去超市，要买沐浴露和洗发露。我们刚刚进入日化区，就被导购员拉住，热情地介绍产品。我看了看标价，介绍的竟然是最贵的那一款。你推辞着，导购员一副"你非买不可"的模样，你使出撒手锏，说："我们只要飘柔！"

导购员收起笑脸，顿时冰冷起来，你一脸讪然。我一只手拉着你，另一只手拿起一瓶飘柔，故意大声说："妈，我就喜欢这个。我记得别人告诉过我如果导购员对顾客翻白眼，我们可以投诉。"我余光瞥过导购员，嘿，反倒是她一脸不自在了，你在我旁边竖起了大拇指。

我冲你扬眉，假装不在意地挥挥手。

然后，我拉着你的手去零食区选零食。

我在你身后，看着你，心里有点儿堵。原来那么自信那么意气风发的你，也被时光染上了白发，磨平了棱角，原来你在我心里很高大，仿佛举起手臂就可以冲上天的女超人，现在，我甚至比你高了，换了我来保护你，但是，你永远是我心中的女超人。

老爸私下对我说："你以为你妈真的不在乎你成绩啊，她不是怕你有压力吗？那天晚上，她在床上翻来覆去地睡不着，唉声叹气，我问她怎么还不睡。你知道她第二天还要凌晨四点钟起床去早餐铺子的啊。"

我点点头，心像被棉花堵住了一样，难过的情绪不断膨胀。

老爸接着说："你别看她在你面前特别不在意特别淡定，但是她比谁都爱你，每个星期六休息，你回家吃得特别好是不是？大鱼大肉的，可平时我们哪有这么好，我们只吃素菜。你也是，吃得那么少，辜负了她的心意。"

我看着眼前这个老头儿，老头儿的年龄大了，鬓角也白了，我转过头，忍住泪。这些，我都不知道。

惊喜大于天

上次暑假去武汉玩。

在武大的时候，发现手机和钱包都被偷了。我坐在石凳上，茫然地看着远方。我以为我回不去了，再也不能看到你了。可是后来我发现，包包的夹层里面居然有两百块钱……我在武大的校园里拿着钱低着头开始哭，突然觉得我好爱你。

在《中学生博览》上，我总是喜欢看"暖季"那个栏目，因为那是写给爸爸妈妈的，每次看完后，总是感觉心里堵堵的，每次都会想到你，你像他们所写的那样爱我。你知道吗，在时光的磨砺下，我对你的爱愈加深厚。

你是我的英雄

亦茹初

　　她出生于一个偏僻的小村子，在那里，世世代代的人们都过着面朝黄土背朝天的生活。

　　她看穿了黄土的贫瘠，看透了早出晚归的辛酸。她渴望冲出这个小村子，去拥抱外面美丽的世界。她那么勤奋地学习着。多少个白天，她放弃嬉戏埋头苦读；多少个夜晚，她挑灯夜战，最后忍不住疲惫在启明星升起时入睡。

　　小小的她终于迈出了成功的第一步考试。小升初考试，她被县里的重点中学录取。收到红彤彤的通知书后，整个村子沸腾了。在一个艳阳天，她踏上了外出求学之路，转身与送行的父老乡亲告别。她的笑容灿烂如明媚的阳光，她的眉眼弯弯，勾勒出骄傲和无畏。

　　在外面的世界，她依旧拼搏着，她的努力为她开辟出了一条路。

　　在大学，她遇见了他。

　　那时，他老实沉默，甚至有些木讷。她活泼外向，甚至有些任性。性格不同的两个人就这样相遇、相知、相爱了。她心甘情愿地嫁给了他——这个家徒四壁的小伙子。

开始时，他们的生活挺艰辛，特别是刚买楼的时候。他们穷得天天喝盐粥，吃腌菜，一分钱掰作两份花。

最困难的时光过后，日子一天天好起来。她的坚持没有错，他是一个好丈夫，不吸烟不喝酒不赌博，脾气又好得很，对她的坏脾气对她的懒没有半点儿怨言，默默地揽下所有家务。他是一个好爸爸，认真地照顾着孩子，教导着孩子成长，孩子们在他的教导下，都乖巧懂事。他还是一个好女婿，在她忙到无暇去看她的妈妈时，他会带着孩子去照看、陪着她的妈妈。

他终于得到了所有人的认可。

她的勇敢、坚持得到了回报，这是幸福的回报。

似乎是上天太羡慕这个家庭。美好的生活太短暂了，他因心肌梗死晕倒在自家的床上。彼时，家里只有无措的小儿子。又因为塞车，救护车来得不及时，他因缺氧太久而离去，没留下只言片语。

她哭得差点昏过去。她喊："你不是要陪我一辈子的吗，怎么就这样离开。"她推着儿子上前："儿子，你的爸爸只是睡着了，快去叫醒他呀！去啊！"她哭着喊着扑着向前，要抱住他，却被亲人拉下。

她擦干了泪，在他的遗像前轻轻地说："你放心，我会好好养大两个孩子，我会把他们都送上大学，你安心地走吧。"她搂着一双儿女，红着眼眶说："宝贝们，别怕，爸爸走了，妈妈会一直在。你们也要争气，好吗？"

从此她不再是那个爱撒娇的小女人。除了上班，她都会在家里陪着儿女。曾经十指不沾阳春水的她，也学会下厨给孩子们做各种各样的好吃的，尽管她一次次被锋利的刀切到手指。

她一下子变老了。

她有时也会偷偷地哭。女儿很多个夜晚醒来都会听见她偷偷啜泣的声音，听到她低声说："我想你了，你知不知道？"但每一个白天，在儿女的面前她都是笑着的，坚强地笑着，似乎没有什么可以打倒她。

如今，她的小家依然温暖。儿女性格似她般坚强，而且成绩异常优异。她的坚强让她的永远不会倒下。

亲爱的妈妈，我爱你，爱你的勤奋，爱你的勇敢，爱你的坚强。我知道，只要有你，我就不会害怕未来。有你，就有我最温暖的家。

妈妈，你是我的英雄，是我世界里最明媚的光。

你
是
我
的
英
雄

《《《

小 女 人

东 望

笛迩是个不折不扣的小女人。

笛迩成天炫耀她桌子上堆积的金庸爷爷和琼瑶奶奶的书有多高。

"喏，这么高！"她用手上下比画了一番，小山一样的高度。

所以说她是武侠浪漫和温情唯美下的产物也不为过。

笛迩闲下来的时候跟随潮流看点儿韩剧，跑过大半个小城只为买一把吊椅，不知从哪里淘回来的充满古典风韵的咖啡杯，然后在阳光和煦的下午窝在吊椅内，小抿一口咖啡，翻开手里的书……

"啧啧啧，这就是小资生活啊！"她说。

唉，明明就是伪小资。

笛迩的确是个小女人，只是我认为还应该加上一个如今最流行的词——装嫩。快过来瞧瞧吧，这个词简直就是为她量身定做的。

笛迩最近开始到处搜刮亮色的衣服。

一回家就见她把守在门口，穿着新买的衣服，见我上楼就激动地抓住我的胳膊不放。

"好看吗？好看不好看啊？"

"嗯，好看！"

我揉揉红肿的胳膊，表示无语。

如果不说"好看"就进不了门的感觉，真可怕。

我常常跟着笛迩去参加聚会，每次都能听见某人惊呼："哇！你们两个越来越像了，简直就是一个模子里刻出来的！"

我很悲哀地瞟了那人一眼：你损我呢，还是夸我呢？！

抬头看见笛迩"不屑"的目光，然后很有默契地异口同声：

"我有那么难看吗？！"

"她哪里有我漂亮！"

说到装嫩——

比如说生日时她到处宣扬"我三十五岁哦！"——实际上她很不厚道地省略了一个词，当你彻底明白"周岁"与"虚岁"的区别后，就不得不感叹她把博大精深的中国文字运用得如此娴熟。以前上学时也没见她这么聪明过。

一大把年纪了还四处"招摇撞骗"，也不知道被她施了什么蛊，唬得我朋友们一见她就喊"老美女"。

一声一声唤得她心里开出花朵。

吵架是在所难免的。

我一生气把门"嘭"一声甩得震天动地，然后把自己锁在的房间里不肯出来。

过了小半天听见笛迩敲门。我大喜过望：小样儿，知道错了吧？

没等我清清嗓子装出一副大爷态，笛迩的声音就幽幽地飘了进来："你是要准备离家出走吗？不用收拾了，我都帮你把行李准备好了，你直接出来拎走就行。"

我离家出走？开国际玩笑啊，我的海报还贴在墙上，我的韩庚抱枕还在床上，我的新专辑还没运到，我怎么可能扔下他们不管！

推开门怒气冲冲地喊："你才离家出走，你全家都离家出走！"

突然发现笛迩还一脸悠闲，一手按着遥控器，一手拿着零食往嘴里塞。

等等！镜头放慢，那是什么？

我最爱的饼干只剩了一盒的渣！

啊！笛迩，我要代表月亮消灭你！

"五一"和朋友A一家外出吃饭。惊讶地发现A的爸爸给她找了一个后妈，二十四岁左右。更要命的是这个后妈曾当过我和朋友的音乐老师。

朋友倒是一脸无所谓，作为旁观者的我却在心里打起了小九九。

没有代沟什么的真令人眼红啊！

"大漠，你赶明儿就把笛迩给休了吧，我支持你！"

回家的路上我特别"郑重"地对老爸说。

"什么呀！我也很年轻的好不好！"

嗯，你也知道，骗人的。

"再说了，我老公才舍不得我呢，对吧！"

笛迩把手吊在大漠的脖子上，一甩一甩地不亦乐乎。大漠便做出快要窒息的滑稽表情，边往上翻白眼边闷声闷气地点头应着："嗯！嗯！"

"大漠，你看她都被你宠坏了！"我愤愤不平。

"你就知道挑拨我和老公的关系！哼！有本事你以后也找个跟我老公一样的男人！"

一口一个"老公"，害得我鸡皮疙瘩掉了一地。

明明是热到头顶冒烟的天气，我还是觉得阴风瑟瑟。无奈地瞥一眼笛迩，这个女人居然还得意地比着"V"的手势。

……

综上所述，笛迩是个不折不扣的小女人。

但是我得管她叫"妈"。

其实，我很爱很爱她，你早就看出来了吧?

亲爱的木木，我们开始认真了

Lennon.L.Luo

2009年9月1日 艳阳·送

我一个人坐在一把应该是两个人坐的椅子上，抱着新书包，所有人都看着我。是的，只有我是独自一个人的。

"咚咚咚咚……"一阵匆忙、轰轰烈烈的爬楼梯声传来，一个刘海儿长到遮住眼睛的男孩儿拖着书包，风风火火地冲进教室——是当着班主任的面冲进来的。他啪的一声将书包扔在我的桌子上，又一屁股坐在了我的右边，一边大口喘着粗气，一边整理着他被风吹得凌乱了的头发。

老师点名时我才知道他叫木木，有点儿小叛逆的木木。

于是，我有了一个很阳光、很落拓、像极了学校里的大棕树的同桌——林木木。

2010 年 6 月 20 日　虹迹 · 远

停在操场上的四辆大客车陆陆续续地开走了。

我们好奇地挤在走廊里看着它们缓缓开过学校的小桥，开过长长的校园的小路，穿过那排高高的棕树，穿过那场漫长的雨。

车上坐满了人，好多好多的人。

木木枕着橙色的英语书，打着哈欠问我："他们是去考试的？"

"嗯，又没有吃早饭啊？"

他说话时带着一股清新的薄荷香味："来不及了，我七点半起的床，睡饱了。"

木木，你知不知道大客车开出去便不会再回来了？

木木，你知不知道以后我们也要坐上大客车离开？

木木，你知不知道你又是最后一个走进学校的人？

雨似乎停了，夏季的云散得特别快，一线阳光刚钻出云朵投射在偌大的操场上，像是不小心溅入水中的墨滴，一眨眼便是满目的阳光。只是空气中依旧散着浓浓的水汽，掺杂着棕树淡淡的香，被夏季雨后凉凉的风吹得到处都是。天边奇迹般地出现了一道彩虹，像极了学校食堂卖的彩虹糖，不小心碰倒了，便散落了一地。

"木木，快来看，彩虹！"久久的，没人回应。

对哦，木木旷课出去玩了。

可是木木，彩虹真的好漂亮。

2010 年 12 月 25 日　霜痕·迷

今天早上来时，木木不得已戴上了他的那条红围巾，像极了圣诞老人。

窗外的棕树叶覆上了一点一点的小白点儿，像是漫天漫地的雪落在树叶上一样，很好看。

但地理老师刚刚说了："这是霜。"我居住的城市向来是不下雪的，即便是圣诞节，天使也只是粗略地在树叶上抹一点点霜。

没有下雪，但木木说喜欢雪。

"北飞南雁，逐雪而灭。"这是很久以前木木写在本子上的话。

数了数，木木调走三十五天了，他现在坐在最后一排。我知道，他看不清老师的板书，就像他知道我不喜欢穿拖鞋一样。

新同桌很好，很乖，上课从来不会和我玩，即便是下课也特别认真。

可是木木，圣诞快乐。

2012 年 2 月 29 日　雨季·流

陆陆续续地下了三周雨，似乎又是这座城市悠长的雨季。

木木还是溜回来了，在初三换新班主任时溜回来的。放在过道上的纸篓又积满了一桶，是我和木木用计算后的废纸一点儿一点儿积满的。

"Time goes by，时间流逝。"木木开始认真地背着英语词组，很认真。我一页一页地翻阅着三年里累积下来的厚厚的笔记，说："轮到你去倒垃圾了。"

"好多都是你扔的，你去。"他像往常一样推脱着。

"你耍赖。"

四年一度的2月29日，下雨的2月29日。

2012 年某月某日　冗梦·泪

雨还在下着。这座城市里的雨季似乎总是很长很长，就像是雨点从云层再到手心的距离，绵长绵长的，却又断断续续。

曾经做过一个特别冗长的梦，梦里，我骑着单车，与木木穿过那排高高的棕树，跑去看一场四个小时的电影，跑去看那梦里的海，看那些雪白色的海鸥在我们面前投下黑色的影迹，像一些浅浅的脚印，布满了我的整个青春。

木木，一起穿过这个绵长的雨季，前面阳光满天。

这群疯子是好人

MIC 小筱

棉袄慧、忍者神慧、颜咬慧，on the way

你是我最好的朋友，最好的定义是什么样的我不清楚，但我知道四年下来，我们的友谊已到了没有任何事情能将我们分开的地步。

很多人都羡慕我们，高中后，我9班，你19班，两层楼，一东一西的距离，但这并不是阻碍，每天放学你都会来找我。很多次别人都对我说："你俩感情可真好，真羡慕你们这么深厚的友情。"每当这时我都会开心地笑，发自内心地高兴，还不忘口是心非地说一句："什么啊！谁和她好了？"

可是，我们真的不能一起去逛街呀！每次一上街，两个资深吃货从这头吃到那头，明明都已经撑不下了，还要说："唉，真是的，还没吃饱嘛。"总之每次和你上街钱从来没剩过，就连懊悔的时候还不忘互嘲对方真能吃。

和你一起做坏事我从来都不怕，真的。

天塌下来，你顶着吧，不然实在对不起你那体形，这也是真的。

大晨子、韶、小沫、薏苡

算一算我们也认识十年了吧，可能除了我父母之外你就是和我在一起时间最长的人了。这么多年了，你一直像亲姐姐一样呵护我，关心我。

从小到大你都是戴着好学生、好孩子的标签过来的。可是又有谁能看到你那浓厚书生气下的小调皮、小抽风？

酷爱文字的你写过N年的"著作"。从初中的《浆果丛林历险记》到《牵绊》，先不说写得怎样，光看你多少万字的标记也足以令人震撼了。

你的梦想是当一名老师，我说你当老师我将来会把我的子女送去让你教。你说送来吧，送来我把她当成你，然后好好收拾她。呃，还有还有，别忘了我们刘海儿姐妹三人组啊。因为我姓刘，所以我是队长，就这么定了，别想反悔啊。

杂菌、小太阳、王君、Queen

你总是让我各种心疼，各种纠结，以及各种崩溃。

你真的要好好的啊，你说你是热情的小太阳，但是……你热量太大，抗不住啊。

说实话，你换男朋友的速度比翻书还快啊，怎么前几天你还跟我说你和一个很腼腆的小男生在一起了，过几天就说那小男生没意思，你现在正和一个校草级的帅哥在谈恋爱。

各种汗颜，各种无语，各种头疼。

你说你什么时候能让我少操点儿心，聪明的脑袋不好好读书，天天在那谈谈谈。唉，你让我不要缺席你的未来，可是你这样下去，我担心你的未来呀。

小狒、小西、程PP、慧儿

留级的你，搞笑的你，可爱的你，快乐的你，特殊的你，苗条的你，发育缓慢的你，变态的你，极其抽风的你。

现在好吧？尽管上个星期才和你写的信，尽管我们的学校在一条路上，中间只隔一个小学的距离，但我还是怕我们不在你身边，你会闯出什么祸来。

你和她们一样，总让我操心，离开我之后，感觉你就像变了一个人似的。曾经那么快乐的你，不复存在了。你说你离不开我，你说一个人的生活总觉得少了些什么。

你知道当你说出这些话的时候，我多么想上去拥抱你，对你说："没事，我还在，我们都在呢。"

嗯哼，我都记得。

某一天，从我家到大埂，你看见河里的一条小蛇，吓得鬼叫。

某一天，深夜里的骚扰电话和短信。

某一天，照毕业照时我们双手紧握的傻样。

……

真多真多。

用你的话说，坚持，再苦你也得坚持，高中等你，快来。来了之后我们又可以继续相亲相爱了，从前那个快乐的你也一定会回来的。

小西，等你!

汤汤、鸭子、某人的宝、韩孬孬

你是一个矫情的人，很矫情，非常矫情。

对我来说，你一直是一个特殊的人，在我看来，你很独特。

我已记不清你是怎样进入我的世界的了，在我伤心难过的时候，你总能恰到好处地关怀我。

我一辈子都不会忘记那个我没上的晚自习，你们着急地疯狂地寻找我的情形，所以也就是在那时，我决定以后要好好善待自己，不能让在乎自己的人伤心，这是你教会我的，谢谢。

好吧好吧，学一下你的矫情，汤汤是小变态的汤汤，小变态是汤汤的小变态。

倩永、小倩、小QQ、Bird For Nice

你是一个文艺女青年，用这个词形容你太合适不过了。

作为我的现任同桌，你是不是感到万分、十分、特别、非常、极其荣幸? 我知道，一切尽在不言中。（某倩："你真的够了! "）

你的文笔我真心佩服，你写的词写的句子往往透着淡淡的忧愁与哀伤。但你不是现代版的李清照呀，况且你长得不忧郁啊。

（某倩："你真的真的够了！"）

我们经常讨论各种话题，所以时常语出惊人连带着一串极其白痴的对白。

好吧，这"总说怎样，可是真的不怎么样，怎么可以说怎样，虽然说真的怎样"的句式是和你学的。不要否认，否认就是承认。

总之，还有两年，咱们先凑合着过吧。

花花、假假、盖盖、小变态

还有很多人想写，但由于各种主客观的因素，决定以自己结尾。

我很不爽，为什么你们总跟我的头发过不去呢？以前没剪刘海儿的时候，有人叫我光光，剪了个刘海儿后又有人叫我盖盖，好不容易盘个头发吧，你们又说像一坨屎，像一个鸡蛋扣在一个鸭蛋上……别逼我……

姑且不提发型问题，什么师太之类的外号你们忍心强扣在我身上吗？忍心吗？忍心吗！好吧，我知道你们忍心，我就是一个可怜的人啊。

其实，像我这么一个正常人，周围有这么多的疯子整天发疯，能活到现在我是该崇拜自己呢，还是崇拜自己呢，还是崇拜自己呢？

惨了，得遭群殴了，先撤了……

最后，群殴场面血腥，谢绝围观。

你说的永远那么远

Miss 倩倩猪

最生动的作文课

小七，第一次见你，说实话我很纠结，你穿得那么土，让我无意间就抱着一种鄙夷的态度看你，我不知道像你这样的女孩子怎么会出现在这个以"贵族"自称的私立学校。

说是贵族学校并不是真的贵族，都是些中考失利的孩子拿钱进来的。

那节课，我超喜欢的语文老师抱来了一大摞作文本，讲评一篇叫《我心目中的偶像》的作文，我写的是老妈，无非是写一些有的没的真真假假的故事，只要感人，我愿意编造，总比写一些电视上涂抹胭脂的明星来得真实。

我不是一个本分安静的女生，还有一些或好或坏的想法，正气与虚荣心并存着。

而小七，你太真实，把你心中所想统统写在了那本粗糙的格子纸上，语言平淡乏味，用词也不大恰当，一句句单调的文字组成了一篇算是作文的作文吧。可这样的作品却被语文老师赏识了，她让你站在讲台上把你的作文当范文念给大家听。

我看着你走向讲台，手隐约地有点儿颤抖，脚不安分地在地上画圈圈，发出的声音像是催眠曲。我不屑地把头转向了窗外，外面的天气很不好，乌云密布，放学的时候应该会下雨吧。

你念："我从小学就开始喜欢周杰伦……"我听着扑哧笑出了声，都多大的人了，还追星？

你接着还念："但进了这所高中后，我的偶像多了一个人，这个人叫路惜惜，对，就是我们班的路惜惜……"

这时，全班同学的眼神"咻"的都瞄向了我，我讶异地看着台上的你，心里有种说不出的感觉。我瞪着你，你红着脸低下了头。

我们的友谊像是追逐赛

小七，那之后，我总是会无意识地开始注意你的一举一动，虽然还是不大理你，但心里已经有了一个位置是属于你的，尽管算不上是好印象。

你像个跟屁虫一样缠了我两个多月，问一些云淡风轻无关痛痒的琐事，我很少搭理你，就算回答也是几个字几个字的。我对别人不那样，总是笑得张狂，像是公主般骄傲，却又不失礼貌，大家都愿意跟我玩。

你羡慕，你嫉妒，这些都那么明显地写在你的眼睛里，你渴望的眼光一点点满足了我的虚荣心，我习惯了有你在身边晃悠。

后来，我们理所当然地成了班上玩得最好的朋友，一起吃饭，一起上厕所，一起聊八卦，还一起讨论我们学校男生谁长得很帅。

那些小女生该有的心情我们彼此分享着，直到学校组织了一次元旦晚会，我们的关系开始一点点地疏远了。

我从小学过跳舞，少数民族舞蹈、街舞、爵士舞我多少都会一点儿，班主任让我担任我们班的文艺委员，一直以来也没有发挥什么作用，这次我觉得机会来了。我开始组织了一些班上跳过舞的女生排练节目，你常常过来给我送午饭或者是晚饭，大家都羡慕我有你这么一个要好的朋友，那个时候我心里满满都是幸福。

结果没有辜负我们一个多月的付出，在初审、复审的时候我们过关斩将地出现在最后的表演名单上，我兴奋地摇着你的肩膀，我说："小七，金子就要发光了，你不替姐妹我开心下吗？"

你勉强地挤出一个笑容，我隐约觉得你好像有心事，问你却又不肯说，之后我慢慢地淡忘了，一心扑在即将到来的元旦晚会上。

永远是个多美好的词

你说："路惜惜，认识你是我这辈子的福气，我们要永远做好朋友，这辈子，下辈子。"

我记得当时我们在操场上，你坐在草坪上双膝弓成一个桥洞的模样，两手抱膝，那情景我看着很别扭，怎么说呢，你的表情是充满幸福快乐的，可你的姿势让我想起"寂寞"这样的字眼。

我倒挂在双杠上，头有点儿供血不足，缺氧，半开玩笑地回应你："小七，永远，到底有多远呢？"

"从这里到那里的距离。"你当时用手比画着那个短短的距离，"是从你的心里到我的心里。"

元旦晚会成功结束后，我穿着跳舞的裙子就跑去找你了，我想第一时间与你分享我的快乐。可我找遍了整个会场也没有见到你的身影，我问了几个熟悉的同学，她们说："小七啊，今天好像没来看表演吧，听说和她同桌一起去广场了。"

我气喘吁吁地赶到广场，看着你站在烟花中笑靥如花。不知你同桌问了你什么，你很生气地扔掉了手中的烟花，说："别跟我提路惜惜好吗，她不是我的朋友，从来都不是，我接近她不过是为了讨好路霄帆罢了。可现在路霄帆拒绝了我，我从今天开始失恋了。"

然后你就哭了，撕心裂肺。

我当时听到这些，站在原地像是被施了魔法似的，怎么也动弹不得，然后一瞬间眼泪就滚落了。

原来，我们之间一直横着个路霄帆——我长得不错的哥哥。

原来，友情可以为那卑微的喜欢搭建一座桥梁，然后再过河拆桥。

原来，你说的永远竟然那么远，远到在这么短的时间内我们竟然走失了……

此致，敬礼，季先生

zzy 阿狸

　　季先生，第一次看见你的文章，我记得是念初一那一年。想要买那期《中学生博览》的时候有点儿迟疑，因为那一期的封面是黄圣依，看起来花花绿绿的，担心它会和其他杂志一样是娱乐至上的。后来摸摸口袋，发现口袋里只有三块钱，买一本《中学生博览》后还能顺便买根棒棒糖，我那时候竟然还为这看似完美的打算而暗暗赞美自己，现在想来真想找个地缝儿钻进去。

　　那会儿，老师管我们管得很紧，不让我们看课外书。当我看到你特别的姓氏时，就特别想看一看你写得咋样。但当我在班主任的课上偷偷摸摸地看完了你写的文章后，激动得怪叫了一声，班主任锋利的眼神几乎把我给KO掉。

　　那是我看过的第一篇青春美文，那是我看过的最好看的青春故事。

　　那篇文章叫《因为有你在这里》。

　　我在网上搜索你的名字，扒出了你的读者群、论坛、贴吧、博客……为了给你留言，我注册了第一个新浪和百度账号，现在快五年了，我换过很多"马甲"，但却不敢忘记第一个账号，虽然你从来没有回复过我。

后来你因为要赴艺考而搁置了写作，我那时候就下定决心要成为下一个你，决定给《中学生博览》写稿。虽然到现在还没有成为下一个你，但我想，我已经成为一个有点儿特别的我。还记得那时候，我雄赳赳气昂昂地举着最新一期的《中学生博览》，向我妈发誓一定要在上面发表文章。后来我妈偶尔说起当时的我真是把她给吓坏了。但我脑子笨，词汇量又少，写了一年才通过了第一篇稿子，而那时我已经在念初三了。我兴奋得彻夜失眠，因为我终于在你发表过文章的杂志上发表文章了！虽然那篇文稿被删改了很多，但我发现引用你的那段话没删后，心里忽然觉得就算不拿稿费也没有关系。

你看，我真的是在踩着你的脚印慢慢长大呢。

高二，我一如既往地抽空在群里给你留言，告诉你我已经在《中学生博览》上发表文章了，还有很多乱七八糟的事，你竟然破天荒地回复我一个太阳的表情，还有一句红色12号宋体的"加油"，我那时整个人都快乐疯了。

前不久整理博客，看到了博客置顶的是转载你写的《关于投稿、写作和我们的故事》，里面是你分享的写作心得和投稿建议，我第一次看到这篇文章就摘抄了里面的一段话，宝贝似的用它来做了个文档模板，接下来的好长时间每次写稿都会打开它，认真地看几遍再写。那段时间几乎没有审核通过的稿子，但每次看到你说的话，就会瞬间满血复活，燃起斗志再写，再写……

我最后还是把那篇置顶博文删除了，回头找了找电脑的文件夹，发现不知道什么时候我早已把那个文档也删除了。

是不需要了还是厌烦了，我也不知道。

但我记得五年来我唱过的少年歌，每一句都有你。

直到现在，有你文章的杂志我还是会马上买下来，从头到尾看很多遍后，再拿回家里码得整整齐齐。还是会去你的贴吧和同样喜欢你的读者交流，看你的微博再小心翼翼地评论，听到你要出新书了兴奋地在空间微博里奔走相告……原来这些早已成为了我的一种习惯。

《因为有你在这里》我反反复复读了很多遍，里面的每一个情节在我的脑海中都演了好多次，即使拾不回当时的那份青涩和感动，我也乐意这样做。回想起后来与《中学生博览》所有的相遇，都只有一个简单的理由吧——季义锋先生，因为有你在这里。

此致，敬礼，季先生。

你是我的英雄

纪　行

曲玮玮

1

　　半年前在上海做过一次背包客，对城市的新鲜感已被冲淡。刘索拉说，活着就为了寻找同类。我只好奇这次旅行会遇见怎样的一群人，或哪怕是一个人。

　　其实已经给"新概念"投了三年文章。前两年是散文，那时候天天守在电脑前等待晋级名单出炉，希望连续落空后带着一肚子怀才不遇的怨气。现在回过头来看，那些文章堆砌辞藻太严重，强说愁的把戏也被人一眼看穿，等不来结果也是正常。第三年写了三篇严肃小说，掏心挖肺去写，有人说小说家可以撒谎，可以躲在故事背后变戏法，而散文家不可以，散文家在说出"我"的时候，就一定是在写自我。我不是什么"家"，我唯一的武器就是真诚。

　　第三年反而不抱什么希望，直到有天闲来无事百度一下自己的名字，发现了很多人翘首以盼的名单。我默默告诉自己，旅行要开始了。

　　这趟旅行是仓促的。期末考试临近，我大多数时间还是在复习，也没有事先联系多少同伴。比赛前一天晚上才匆匆坐上飞机，将近零点才抵达宾馆，而两位同伴依然守在前台等我，大家从未照面，却好像是不必寒暄的老朋友，他们说"嘿，你来啦"，就轻轻接过我的行李箱。想到自古以来说文人之间惺惺相惜，觉得很温暖。

2

　　我拍过一张照片，考场楼前站满等待进场的选手，他们穿不同颜色的大衣，聊天的时候盯着对方的眼睛，呵出一小团热气。镜头没办法一一掠过他们的脸，但我觉得一张照片就足够把他们都浓缩在一起。的确，每个人都不一样，但是随便盯住哪个人，就很容易让你想到类似梦想、才华的字眼，藏在他们紧锁的眉头里、挥舞的手臂上、呵出的热气里，还有明亮的眼睛里。女伴G说，来之前觉得自己很了不起，原来也躲不过湮没在人群中的命运。而此刻，无论我在远处默默观望，还是走向他们，都觉得很幸福。

　　复赛题目二选一，《韩寒》和《寻找不是用眼睛》，事后大家讨论起来，都觉得今年题目很水，第二个题目甚至很"高考作文"。大多数人避重就轻选择第二个题目，而我不假思索在稿纸上写下"韩寒"二字，打好了粗浅的提纲，很快就完成。除了考场作文和这一次，我从来没有在稿纸上写过文章。我以为自己会笔尖生涩，思维也受阻，好在新概念给了我两小时非常顺畅而享受的写作过程，给我一次向韩寒致敬的机会。

完成后仍没有对结果抱太多期望，我引用了太多话，舍本逐末，有点忽略了自我。

回来大家漫不经心地聊天，分享复赛所写的故事结构，我由衷惊叹他们的才华，也渐渐忘记了这是一次比赛。直到两天后主持人宣布结果，我看到会场所有人无不在屏息凝视或闭目祈祷。坐我旁边的美女已经参加过两届，她今年高三，想读上戏，需要一个一等奖，也看起来势在必得。我记住她的名字，等待与她一起欢呼的那一刻，也开玩笑说一定要借她的奖杯合影。后来却只听到了自己的名字。

我从始至终没有笑过，只是默默把纸巾递给一旁的美女，给她拥抱。我没有笑，总觉得奖杯是捡来的，他们太有才华，我只是一个站在角落的冒失者。

只有奖杯的重量在提醒我，我拿了一个稍微能够证明自己的奖。不知谁传开了消息，回家后收到太多祝福，我笑着说谢谢。我没有空虚，更没有飘飘然，我只知道路还长。

颁奖典礼上一位老师说，晚上他们围在一个大屋子里看稿，评委们时不时会惊呼"大家快来我这里，这篇稿子好棒"。我只是在想，不需要为我欢呼，只要评委席里我喜欢的叶兆言、张悦然还有周嘉宁都看过我的文章，他们甚至会心地微笑为我打下不低的分数，这已经是多么幸福的事。

3

上海这几天在下雨，很细很久的绵绵雨，想软磨硬泡浇熄每个人的热忱，可惜诡计失败，大家都有娱乐至死的精神。不夸张地说，两天加起来，我没有睡上十个小时，其余的时间不是在High，就是在房间发呆。

大家住在一个简陋便宜的酒店里，集体行动非常方便。晚上在美罗城里的好乐迪包了几个包厢，大多数人是通宵的，我由于感冒，身体素质不佳，不到凌晨四点就跟一个男伴F返回。路上我们共用一把伞，两个人靠得很近也没有觉得有什么不妥。

包厢里的混乱程度我描述不了，好在我也是五毒俱全的大尺度，不亦乐乎。没有人刻意聊文学，大家漫不经心地随便扯一个人说说话，随意靠在一个人肩膀上，临走时互留姓名，这样就好。

第二天的上海又是细雨如绵，上午我在宾馆百无聊赖看电视，临近中午决定出门觅食。有人约去豫园，因为去过就放弃了。酒足饭饱后想独自走走白天雨中的新天地。上海是很年轻的城市，但随处都能让你看见历史，哪怕石库门被改造得已经很彻底。逛完一大会址后去了熟悉的季风书园，后来F出现约我同逛。

我特别容易对别人产生依赖感，超过两个人行动，我就容易犯傻，而一个人总是很顺。所以整个下午和晚上我都是二逼青年。两人聊天大部分时间只是嘴贫，偶尔聊到文学上，就只剩下我惊叹的份。这就是新概念，它平易近人，它没有多神秘，等你觉得不过如此时又悄无声息扔给你一个重磅炸弹。汝果欲学诗，功夫在诗外。刻意去寻找反倒没什么结果。

晚上在房间跟几个朋友闲聊，大家说每届新概念都有爱情。文青们的恋爱的确美好。

而大家都说自己是个挺"二"青年。

你是我的英雄

125

4

印象最深的是颁奖之后的自主招生活动。因为北大只面试应届高三一等奖学生,我今年没机会,反倒没什么压力,只是找其他大学老师们聊聊,今年的资格作废掉也不可惜。新概念的加分政策被很多人捧得神乎其神,一个比赛只能作为录用的参考,若把它当成获胜的筹码,显然想得太简单。

在招办老师的房间门口,所有人少了锋芒棱角,全都变得温良恭俭让,轻声细语,大家打探各方信息,颇有团结一致对抗敌军的味道。

这也是新概念,在展示灵芝仙草、展示月光与诗意的同时,毫不掩饰功利的一面,也正由于它的直率与坦诚,让你又多了几分热爱。当功利主义甚嚣尘上时,文学还在,清风明月永远都在。反之也是,我们在路上,完全可以为了名利为了物质而暂时停下,只要心中的日月还在,脚底的风还在。不接地气的、没有生活本原做支撑的文学不会走太远。

临走前,我把手上空白的自招填表装进背包,跟每个在门口焦急等待的孩子们微笑。

5

回家的时候觉得恍若隔世。短短三天,手机通讯录里多了无数个名字,旅行包里多了一份重量。

应该还不止这些。

6

希望还会有明年。

不是没有明天

不要叫醒我

安暮帆

"母亲"这两个字好似无上的权威，凡是从她口中说出的话就经不得半点儿违逆，如若不然，非打即骂。我小心翼翼地施展着任性，试探着她的底线，想找出自己在她心目中的位置。我很惧怕她。

第一次考第一名，拿着成绩单向她炫耀时，却只得来一句冷冰冰的"我忙着呢，一边玩去"。同学都怕功课做不好成绩垫底挨骂，我却从没有这些困扰，她从不过问我的成绩，唯一的要求就是不要让老师请家长。

我以为是自己做得不够好，于是拼命地用功学习，可是半夜被冻醒，台灯还亮着微弱的光，没人来给我关灯抱我上床。

碰得钉子多了，也开始知道疼了。

我学会了做饭，尽管第一次盐放多了，我大口大口地吃完后，喝了整整一壶水。脏衣服堆得和小山一样高时，我拎了一桶水洗了一整天。干不干净我不知道，我只知道要是再不洗就没有衣服穿了。

升学时，她丢给我一大笔钱就匆匆离开。我穿梭在陌生的学校，寻找一个个交费窗口。抱着可以把我淹没的被褥爬上宿舍楼，在舍友同他们父母的撒娇声中默默地铺好了床铺。

逐渐长大的我早已经能够独立做好每一件事，也有了自己的想法，虽然偶尔也会感觉孤单，但从来没想过说出来。

随着时光的流转，青春悄无声息地伸手，将我的叛逆一点点剥开。

她常常忘记答应过我的事情，我嘲讽她出尔反尔；她拆了我的信，我说她侵犯个人隐私；她旁敲侧击地问给我打电话的男生是谁，我就冷笑着回答："难道你上学的时候没早恋过吗？"

矛盾一次次地积攒着，争吵由小变大，常常噎得她说不出话来。我早就不是小时候那个小心翼翼讨好她的小女孩儿了。

十六七岁的姑娘总是敏感又任性的，那个时候，我的脾气已经暴躁到无法理喻。刚进房门就看见她在拨弄我的日记本上的密码锁，我一把从她手里夺过日记本，握着封面封底硬生生地掰开了整本日记，脆弱的塑料锁片瞬间分崩离析，我狠狠地把日记摔在了她面前。

这种并不算惊世骇俗的行为让她大为震惊，她愣在那里，过了半晌才解释说："我只是想关心你……"

现在想表达自己的关心，是不是太迟了！我需要你陪、需要你关心、需要你爱护的时候你干吗去了？一瞬间委屈与愤怒交织在一起，我歇斯底里地冲她大喊："不用你管！我受不起！"

年少的我自然不懂这句话有多伤人，我和她多年如履薄冰的关系终于在这一刻破碎了。我长长地舒了一口气，甚至微笑地看她颓然的表情。

报复的快感并没有持续多长时间，因为她仍旧锲而不舍地试图"走近我"，面对这个无坚不摧的敌人，我只能不断地逃脱，

不是没有明天

像是陷入了一场乐此不疲的追逐游戏。

我迫切地想要长大，挣脱她的束缚，甚至在地理书上圈出许多地方，我跟死党说："还有一年的时间，等到高考完就去流浪。"

可是还没等到高考，她强大的外衣就脱落了。

在医院里看到她插着各种管子昏迷不醒的模样，我一点儿也不伤心。握着她温暖的手，内心无比肯定她一定会醒来。因为她那么厉害，甚至昨天还因为我顶撞她提着扫帚追了我几条街，把我吓得不敢回家。

鼻子有了酸意，却怎么也哭不出来，好像只要我哭出来她就会消失不见一样。脑海中不断叫嚣着"你起来打我呀骂我呀"，就是在这个时候，我才发现她的鬓角已经有了白发，比起那些叔叔阿姨，她有点儿显老，可床头的病历卡上清晰地记录着她才四十岁。

没有了她的吵闹，家里一下子变得冷清起来。

我去医院看她，削水果、倒水、喂饭，这些事做起来愈发娴熟，也会和风细雨地同她说话，给她讲笑话听。偶尔扫地，洗病号服的时候还会哼个歌，同病房的一位家属跟她说："你女儿真乐观。"我那时候还有点儿无奈地想，反正我哭到死她也不会多看我一眼。

"成长"二字，总是伴随着残忍。当我听到越来越多的人给予我"懂事""成熟"之类的评价时，我也接受了她带给我的无法抗拒的长大。

相对其他来说，她的身体恢复得不错，偶尔也和我吵吵架，只是再没力气动手打我。像小孩子一样，待在哪里都要让人陪着，我甚至有些恶毒地想，现在总算了解我小时候的感觉了吧。

如果不是高考报名要用到户口本，如果不是我好奇地拿出夹在塑封皮中的纸条，我永远都不会知道，有一瞬间，她真的要离我而去。

　　我捏着那两张病危通知单，坐在床边哭得不能自已。

　　听见敲门的声音，我抹了抹眼泪，喊了声"进"。她走到我面前，迟疑地问："是不是谁欺负你了？"

　　她以前进我房间是从来不敲门的，那一瞬间，我忽然觉得有什么东西在心里破土而出。千言万语哽在喉中，我猛然起身，紧紧地抱住了她。

骑着风筝，到春天里去找你

栗子小姐

小A：

我又揪下好几根白头发。

还记不记得初二那年薄女士上物理课给我们科普头皮屑就是死掉的脑细胞来着？我现在拨一拨头发就有大片大片战死沙场的脑细胞掉下来，洋洋洒洒的，和下雪一样。昨天韩大班长给我留言说他好生想念我当年那销魂而又震耳欲聋的喷嚏声，我感动地自动调节程序只读取了前六个字。

我发现，当初让我们趴在被窝里洒下一把又一把少女辛酸泪的校园纯爱文艺片，都跟我八竿子打不到一起去。托上次月考那张满分100分我却只得了个47分的生物试卷的福，现在只要一上生物课，老师就会带着大力水手拯救奥利弗的伟大使命感，点名给我来个夺命连环问，问问惊心，环环毙命。导致这段时间我对生物这门学科前所未有地热情高涨。现在早晚都"带月荷书归"的我每当抱着一摞书转过身对着和自己脸一样圆的月亮热泪盈眶时，都忍不住丧心病狂地想对沉睡中的宿舍高歌一句"mountain top 就跟着一起来"。

如你所言，我终究不是个忍辱负重的人。学不了勾践把梦想擦得锃亮，我只好先把它蒙上封藏起来。

　　还记不记得临近中考那会儿为了缓解压力我们一起背过的《折桂令》？我现在还能完整地背下来呢。那时候小D背得最来劲，吃饭也摇头晃脑绕口令一样嘟囔着。还有"腺长"，我现在一和自己过不去了，就搬出他的那句"这都不是事儿，是事儿就一阵儿"默念一百遍，念完睡上一觉就舒坦了，不用人劝也不用宣泄，果真是居家在校消火减压的必备良品。

　　我还是会经常想起Milk。早上哈着热气冻僵着脸走在去食堂路上的时候，上课犯困再把胳膊掐出一个又一个月牙的时候，无人知晓的黄昏里走在楼梯拐角的时候。

　　说到他我有两件事要告诉你，一是这两个月我没回家，我妈把我那狗窝给收拾了；二是我回来发现我初三那年傻乎乎写了一本子的暗恋笔记不见了。唉！小事小事，绝对是小事。我现在已经丧失了春心萌动的基本能力，所有同学在我面前，性别不是障碍，友爱才是真爱。我的喜欢似乎已经躲到骨髓里面去了，一般想不起来，但是总在血液的流动中发生撞击。好像我对越喜爱的事物就越存在着一种抵触和躲避感。我向组织承认当初我只身一人跟着Milk屁颠儿屁颠儿跑市一中去上高中，便源于这种想法。我脑子当时烧了个洞，觉着"遥遥相望总好过形影相随，这样他想起我时，永远是风华正茂，温润如初"。——唉，其实这个洞现在还在我的脑子里。

　　上次大休，学校食堂大门紧闭，我在宿舍里吸着泡面翻着三年里我们所有人传过的小纸条和信，吸完泡面开始吸鼻涕，哭得有点儿惨。说矫情了，我实在是想念你们，可我不后悔来到这里。

虽然我还是常常想抱头大喊学科君给我指一条明路吧，还是常常在封闭了窗和门的屋子里走来走去，明明知道门在哪里却不想去推开它，常常会一不小心就踏进冬天的门槛踩着雪越走越远，但是没关系，你不用担心，等春天来了，我就转过身骑着风筝去找你。

你亲爱的、理智的W

要像烟花一样

七 月

1

仍然清晰地记得上一个骄阳似火的6月8日，毒辣的阳光仿佛
洪水一般席卷了整座城市，却依然动摇不了家长们阳光下站立的
姿态。我和妈妈在一中的校门外等候着辛苦备战了一年的姐姐走
出考场。最后一科英语刚刚考完，就听见离校门尚远的教学楼里
发出惊天动地的一声大喊："终于解放了！"那是一群男生女生
一齐喊出来的声音，模糊却有力，带着对十二年寒窗艰辛历程的
释然，更多的，是对即将到来的美好日子的憧憬。

姐姐微笑着走了出来，迎上了我的一个大拥抱。

分数放榜那一天下午，姐姐抓紧了电话，拨那个已经被背
得滚瓜烂熟的分数查询号码。我和爸爸妈妈站在姐姐的背后，看
着她一起一伏的背部，屏住了呼吸。我知道这么些年了，等的就
是这一刻。按照系统的指示输入各串数字之后，姐姐慢慢放下了
听筒，转过身来面对着我们，没有一丝微笑。那一刻，我几乎要

不
是
没
有
明
天

《《

落泪了，害怕姐姐就这样失败了。忽然她竭尽全力往下一蹲，再努力地跳了起来，"分数超一本线五十分！中山大学大有希望啦！"我和爸爸妈妈都如释重负，看着开心得犹如一只刚刚挣脱牢笼获得自由的小鸟般的姐姐，相视而笑。

送别姐姐的那天，一直都充满温馨的家里忧伤的气息四处飘荡。火车启动的前一刻，姐姐突然用力地抱了抱我，对我说："明年的这一关，你一定要赢得比我漂亮！"我点点头，脸上扬起了微笑朝她挥挥手。火车开动，带着我们对彼此的不舍渐渐远去。

2

我拿着刚爬过及格线的物理卷，迷茫地看着窗外。同桌婷的分数接近满分，在座位上欢呼雀跃地笑着。看着试卷的分数栏上面鲜红的"61"，一瞬间，慌乱席卷了我的整个世界。

看了我的成绩单后，妈妈没有多说什么，只是微笑着告诉我还要加油！我一个人回到了房间，静下心来想了想，高三了啊……这些日子确实安静了不少呢，也懂得了就着咖啡的浓郁啃着练习题一直到凌晨——为了跨越高考。回想起之前的姐姐，她也是这样一个人在台灯底下就着昏暗的光线奋战到深夜的。

"再坚持一下吧，这一切很快就会结束。"书桌上，姐姐的字迹清秀隽永。

夜晚真的很神奇，人总是容易在夜里情感泛滥。我想起了妈妈，想起了每个我挑灯夜战的夜晚，她隔着房门轻轻地说着："早点儿休息吧小安。"偶然有一次，我打开了门，看见她的头上已经有了银丝。我长大了，妈妈却老了。

我想起了好友郑曼妍，那时没有高考的压力，在每次聚餐后不知道接下来该去往何处时，我们总是异口同声地说："接下来，流浪去吧。"后来，彼此对未来的认识仿佛达到了一个前所未有的高度，都各自为了学业成天忙忙碌碌，联系自然再不如从前频繁，却依然会在一些时候突然出现在对方面前给对方惊喜般的鼓励。

一直以为文字工作是天底下最快乐的职业——在家工作，想睡就睡，并且不惧怕迟到被老师批被老板骂。直到后来自己开始给杂志投稿了，有过在电脑前坐了整整四个小时仍然打不出一段完整开头的经历，才明白原来写作也不是那么容易的事。

哪有什么最快乐的职业呢！

就像郑曼妍说的："那就让我们充满勇气在最后这段日子好好努力一回，守护我们彼此的梦。"

3

又是一个繁星满空的夜晚，我倚着窗户，看着窗外一束束绽放在天际的烟花在生命的尽头展现出了它最完美的一片光芒，轰轰烈烈。

已近凌晨，楼下的小孩子们依然未眠，似乎想要通宵达旦度过一个刻骨铭心的春节。"砰！"窗外又一束烟花闪过天际，我看着书桌上的数学习题，告诉自己，好吧，就像烟花一样在高考中绽放一次。

不是没有明天

六中妹子是神话

小太爷

操场上的歌声

英语课最后十分钟，众人皆筋疲力尽，老师亦无兴趣。

"看这个……"英语老师话没说完，倏忽间高昂的声音钻进了我们的耳膜。

"外国人把京戏叫作'北京奥破若'……"

我推了推近在咫尺的同桌，同桌心领神会地点头向我确认——你没听错，楼下有人要剽悍了！

网上有个词叫啥来着？斯巴达！是的，我整个人顿时就"斯巴达"了！

素闻六中女生剽悍，可是敢喊这么一嗓子的，就是遍寻我市肯定也找不出来几个……

同学们窃窃私语，老师维护了秩序，继续说："这个题选A……"

"把每天都当作末日来相爱，一分一秒都美到泪水掉下来……"

如果上次老师还可以当作没听见的话，那么这次就肯定瞒不过去了。

"把窗户关上……"老师清了清嗓子。

"老师，来不及了！"

"死了都要爱……"

全班爆发出经久不息的掌声，老师笑着法外开恩："最后几分钟大家看看书吧，不讲了。"

是的，她讲不下去了。

大揣和她的苹果

"我妈一早就跟我说了，你想体验苹果难吃程度的巅峰时刻吗？"大揣微笑地看着她手心里的苹果，"我说想，于是我妈妈就把这个苹果给了我！"她一脸刚毅的表情不禁让我想起被偷偷写在校服袖口上的那句励志话语：姑娘，你真是个汉子！

大揣先向周围的同志征询了一下如何在苹果上咬出一个"心"来，然后开始轰轰烈烈地开启改造活动。

"我妈妈说得果然没错。"大揣在尝试了一口之后向我说。

"这苹果，不能吃肉，得嚼汁，就像吃甘蔗一样。"大揣在那个苹果心初露狰狞，哦不，初见端倪时又对我说。

"你看，这个是已经氧化了，这个是正在氧化，这个还没氧化。"大揣指着面前三堆被咬得很有规律的苹果"尸体"向我说。

此女子乃业界一朵奇葩，上数学课时把卷子挡在脸前偷吃"苹果甘蔗"——此种行径共进行过两次，其一次结果乃是因用力过猛把脑袋撞到了卷子上，另一个结果是在咬苹果时出了声。

"我感觉数学老师看到了呢！"大揣道。

我痛苦地点点头，我是多么想大声对这妹子喊："这也就是数学老师脾气好，要是换成了别的老师，你会被'砍头'的，你知道吗？知道吗？知道吗……"

"一把辛酸泪"的笔者此时正掩面叹息，啥都不说了，姑娘们的强悍没尽头。男子汉们，争点儿气吧！

每个胖女孩儿都曾经是天使

月小半

你是这个冬天留给我的最美好的印记。

1

寒风冷冷地掠过脸庞，甚至可以清晰地听见风与皮肤摩擦时的窸窣声。我费力地抬起手将口罩向上提了提，本来就胖的身躯再加上厚重的棉服，让我走的每一步都显得那么吃力。

拥挤的地下车库。喧闹的人群。

我艰难地在人群中挤了挤，步子稍微向前挪了挪，好不容易才走到了班级的停车位前，而长长的车阵早已没有我车子的容身之地。我把别人的车用力地挪挪，想腾出地方放我自己的车。可我刚挪动了一辆，那长长的车阵便以排山倒海的架势倒了下去。我在一旁停好自己的车，想把倒下的车扶起来，可那些车偏不听我的话，刚扶起来便又倔强地倒了下去。

"放在那儿让我来吧，我今天打扫车库，你先上去，快迟到了。"我转身望去，男生穿着好看的灰色毛衣，棉袄的拉链微微地拉开，手上握着一把笤帚。我来不及掩藏好所有的惊讶，也来不及抹掉脸上的懊恼与自卑，抓起书包便急急地逃离了犯罪现场。

哦，对不起，我当时忘了和你说谢谢。

2

当你依旧那副万敌不侵的表情进班时，我抬头望了望你，眼神里有不自信和慌张。你把棉袄脱掉了，轻轻地搭在手臂上，你额头上有细密的汗。大抵我早上惹下的祸，害你花费了很大的力气吧。

好吧，我承认对你有一点点愧疚感。

你坐在位子上，轻轻地把桌子往后拉了拉，靠在你桌上的我差点儿向后摔去，你适时地用手顶了一下我的后背。谢谢你，没让我摔下来，又让我少了一个被人嘲笑的把柄，无非是"地震"之类的词，对此我便早已有了免疫。只是，我还是不想在你面前出糗，年少意气这样的词用在我们身上刚刚好。

我也不清楚我们已经坐了多久这样不尴不尬的前后桌，没有交集，偶尔点头微笑，波澜不惊。

3

刚读了一小会儿书，身后便传来你轻咳的声音。我想你应该是感冒了，不然咳嗽的声音也不会那么频繁。下意识地将手伸进包里，摸索到半盒还没吃完的感冒药，轻轻地握在手里不敢递给你。这样的动作会不会太亲密？这样会不会流言丛生？我又把药塞回了包里。

你频繁咳嗽的声音又传到我耳中，我小心翼翼地抽出一张小纸条，写道："谢谢你早上帮我解围，感冒药送你，祝你早日康复。"然后迅速地将纸条和药盒放到你桌上，完成这一系列动作后我努力装得很平静，可是还是掩饰不了心里的不安。

良久，你都没有回复，于是我便陷入深深的后悔中。一个臃肿的女生送一盒感冒药给班上最帅的男生，那画面想想都觉得狼狈。

在我处于水深火热的纠结时，下课铃响了。你端着杯子去前面接水，然后很自然地将那盒药打开，取出两粒药丸就着水塞进了嘴里。

你当着全班的面吃了我给你的药？这让我怎么都没有想到。

4

因为学校离家很远，所以中午我便选择在食堂吃饭。吃过饭，寄宿生都回宿舍了，我只好一个人默默地回班。

空荡荡的教室里，我一个人坐在座位上翻开数学习题毫无头绪地做起来。"谢谢你早上的药。"我抬头，你那纤尘不染的笑容映入眼中，手中提着一盒双皮奶。我木木地呆在原地不敢伸手接，你拉起我的手小心地把那个塑料袋套在我的食指上，然后大步流星地走到了位子上。

教室里只有我们两个人，气氛静谧而诡异。

你用笔戳了戳我的后背，我转过去，你微笑地看着我说：

"我给你讲个故事好不好？"

我说："好，你讲啊！"

"你知道其实每个胖女孩儿上辈子都是天使吗？正是因为她们上辈子太好太纯洁，让造物主心生妒忌，所以在她们下辈子投胎时造物主就让她们变胖。所以，你上辈子也是个天使呢！"彼时，我看到阳光浅浅地照进来，映着你在嘴边还未来得及收好的微笑。

岁月静好。

5

有些变化是潜移默化的，比如我可以从容地不带一点儿自卑地和女生们交谈，我会把自己写的文字拿出来和大家分享，我会站在阳光下自信地对每一个人微笑。还有，我会自然地转过身和你开玩笑、讨论问题，抑或会陪你走完从教室到校门口那不算太长的路。

我说，我喜欢这样的我自己。

我说，是你让我喜欢上了这样的自己。

6

"嘿，怎么又一个人坐着发呆啊？"你一只手托着篮球走来。

"唉，怎么办呢？我又开始陷入深深的自卑了。"我故意装出一副很无辜的样子。

你伸出手摸摸我的头发说："你就装吧，你现在活得比谁都好！感谢我吧，我拯救了你两次呢。一次从困境中解救了你，一次从地狱中拯救了你，让你重新见到了阳光。你要怎么谢我呢？"你露出狡黠的笑容。

　　我没兴趣理你，转身拿出后面的两杯双皮奶，递一杯给你，"喏，这样算我谢谢你啦！"你转身在我身边坐下，接过我手中的双皮奶。我扒开盒子，用小勺一勺一勺地挖。缠绵的红豆，浓郁的奶香在周身四溢开来。转过头看你，你也认真地在吃，那表情像个孩子。我转过来，看到前方花坛中的花已经开了。

　　那一刻，我听见了春天到来的声音。

7

　　请善待身边的每一个胖女孩儿，她们上辈子都是天使，只不过她们太过单纯，太过美好，所以造物主才给她"胖"这样的一个标记。

　　记得，天使在人间。

懒　猫

武敬哲

　　我叫辉子，我也不知道为什么别人这么叫我。

　　外面的风好大，雨里夹着雪。这是我独自流浪的第一个晚上，居然碰上了这么个鬼天气。

　　"该死，出门前应该看一下天气预报的。"我躲在一辆汽车底盘下面，脑海里只有六个字支撑着我不跑回家去——要么疯要么死。

　　闪电划过长空，我仿佛感受到雷声在耳边轰鸣，汽车随着大地摇晃。

　　为什么要离开温暖的小窝？我开始怀念一家四口懒懒的生活。

　　现在车底盘就是我的整个世界，我蜷缩在整个世界之下。

　　风依旧在飘摇鼓荡，我感受不到温度。周边都是融化了的雪和雨水，只能在这一小块干的地方落脚，一动不动。

　　我听到生命奔跑的声音。

　　是一只小猫，全身都淋湿了，惊慌失措地躲到了我的地盘。

"喵呜……"她微弱地说了声很冷。

"靠过来吧。"

她听话地靠了过来，湿湿的毛弄得我不太舒服，我有些后悔刚才说过的话。想挪开一点儿，又懒得动。

第二天早上，睁开眼，看到那只小猫还靠在我身上没有醒，"还没走啊！"我眯着眼睛嘀咕道。

她慌乱地爬起来，跑开些距离，傻乎乎地看着我说："昨天你睡着的时候，像太阳。"

我一个激灵站起来，"这比喻也太不恰当了吧……不对，你是说我——胖？"

我懊恼地转着圈儿看自己，"虽然是有些胖，但我是一只有信仰的猫。"

"对，所以你才会发光。"她高兴地叫道。

"发光？"

"是啊，温暖又明亮。"

我仔仔细细检查了自己身子，根本没有光。

"辉子。"

"你怎么知道我的名字？"

"传说，会发光的猫都有一个共同的名字——辉子。"

我瞧见她的眼睛里有泪光，不似伪装，但又觉得难以置信，"呃，不要跟我说传说，我只是一只懒猫，哈哈哈……"

我问她："小家伙，你有家吗？"

她刚刚还熠熠生辉的眼睛立马暗淡下来，"我啊……无家可归。"

"哈，你也是流浪猫。"

"可是我不想流浪。"

"流浪多好啊，你看……"

"我受够了。"

"那，我送你去一户人家吧。"

她沉默地盯了一会儿我的眼睛，最后说了声："好。"

穿过熟悉的弄堂，来到主人家开的店，我没有理会女主人惊喜的招呼，带着她径直走进去。

"哇，你家真温馨。"

"不，是你家了。"我指了指那熟悉的金色枕头，"喏，我一般在这儿休息。"

"你还要流浪去吗？"

"是的。有时候主人会把你带到六楼的家里，不过通常还是在这儿住，他们会照顾好你的。"

"你为什么要流浪啊？"

"不为什么。"

女主人温柔地抚摸着小家伙的头，开始跟她说话。她摇了下尾巴，胆怯地看着女主人，最后还是跑开了。

我可不想陶醉在温暖的小窝里不出来，于是便迈开步子走到屋外。

"啊，阳光真好！"

临走时，小猫问我："你还会回来吗？"

我说："我是一只懒猫。"

懒猫有可能懒得再回来，也有可能懒得在外面流浪的时候，就回来吧。

我暗自思忖，我是一只有信仰的懒猫。

然后独自一人，不是，独自一猫，重新上路。

小楼、我和周杰伦

潘

《上海一九四三》

小楼喜欢听周杰伦的歌，我也很喜欢。不知道小楼喜不喜欢这首《上海一九四三》，我觉得还不错，实际上我最喜欢的还是这首歌的名字《上海一九四三》。上海到底是怎样一个城市呢？它到底有什么魔力让小楼那样的小女生拼命地非考到那里不可呢？

上海，我依旧是不懂，就好像我一直读不懂小楼一样。在我的印象里小楼就是一个不谙世事的小女孩儿，除了念书就知道咧着嘴傻笑。实际上小楼是一个很聪明的女孩子，很有才华。我看过她写的散文，她的文字里没有懵懂少女的忧伤，却有一只蓝色的蝴蝶在山间寻觅，迟迟不肯落脚。我知道那是一种美。我惊叹这样的文章竟出自一个高中女生之手。

《双刀》

高一下学期期末考试后，我们几个同学要搞一个小小的聚会，小楼很大方地请大家去她家。我们说："你爸妈会同意吗？"小楼眨巴眨巴大眼睛，奸诈地笑着说："我把他们请出去不就行了？"

那天我们玩得很开心。

一大桌的菜在我们的说笑中吃完了，几个男生去打牌，另外几个女生跟去看。小楼没走，一个人在收拾桌子，碗筷相碰奏出一首别致的交响曲。小楼将垂下来的一缕头发绾到耳后，动作优雅而别致。我呆呆地看着小楼，一动不动。小楼抬起头看了我一眼，很快露出两颗虎牙笑着说："还愣着干吗？快帮帮我哟！"

后来有人在房间里放Jay的《双刀》，我才回过神来，我清楚地记得那天放的《双刀》和小楼好看的虎牙。

《爱在西元前》

高二了，我目睹了学校的树叶黄了又抽出新的生命，我喜欢坐在教室的角落里看小楼伏案写字的样子。阳光透过玻璃照到小楼的脸上，那些小小的绒毛在阳光下竟然变成了金色的。看着泛着金光的小楼，我猜她应该是仙女吧？

一天中午，我在食堂吃饭，听见校园广播的一个点歌节目："李江想把周杰伦的这首《爱在西元前》送给同班的小楼，希望她天天都能开心。"李江是我们的班长。难道班长喜欢小楼了？

但是这又和我有什么关系呢？难道我也喜欢小楼？

小楼并没有变成班长的女朋友，或许小楼根本没听到那首送给她的《爱在西元前》，或许小楼只把班长当朋友看，或许小楼一点儿都不懂爱情，或许……

《小白》

上大学后，我从来没有给小楼打过电话，只是偶尔发几个短信寒暄几句，再怎么温暖的话语通过冰冷的手机也没有了原来的温度。也许小楼在上海过得很好，根本不需要我这个极其普通的同学的关心。

我恋爱了。我听过后弦的《小白》，很喜欢。刚好那个女孩儿也叫小白。她是个乖巧的女孩儿，很适合我，我一直是这样想的。小白说想去海边看海，在海边买一座房子，过着面向大海、潮来潮往的生活。我说："那我们去青岛吧。"小白摇头。我又说："那就去厦门吧。"小白说："不喜欢，还是去上海好。"

上海，呵，又是上海。我想到了小楼也在上海。小白看着我的眼睛说："去上海怎么样？"我愣了几秒才点头说好。

我和小白的关系一直是不冷不热的，但是我能真切地感受到小白是一个好女孩儿。

《回到过去》

圣诞节那天我意外地接到了小楼打来的电话。那天我刚刚送小白回宿舍，走在学校冰冷的路上，路灯在不停地闪烁着，路上的行人很少，相拥的情人倒很多。

好冷啊，我哆嗦着掏出电话，是小楼。按下通话键以后就听见小楼说："圣诞节快乐。"我也说："圣诞节快乐，你怎么想起给我打电话呢？"小楼说："我在听歌，Jay的《回到过去》，听着听着就想起你来了。"我说："哦，这样子啊。"

后来我们甚至聊到了高一的那次聚会。我说："小楼你煮的鱼让我回味无穷啊。"小楼说："真的吗？"我仿佛又看到她眨巴眨巴的大眼睛了。小楼说："还得多谢你帮我收拾桌子，要不然我不知道要忙到什么时候。"我说："那下次你再煮鱼给我吃，我帮你收拾桌子怎么样？"小楼在电话里笑了，咯咯地笑着。她说："好啊。"

在电话接近尾声要挂掉的时候，小楼突然问我："你有没有谈女朋友？"我的心轻轻地被刺了一下，我说："应该算有吧。"小楼沉默了几秒说："哦。"接着又是沉默。后来不知道是谁先提出挂电话的。

那晚我回到宿舍第一件事就是找到那首《回到过去》听了很多遍。可是真的能回到过去吗？我不能，小楼也不能。

谁都不能。

贫血进行时

小太爷

前段日子生了场不大不小的病——急性呼吸道传染病——也就是感冒。

家父家母强调自愈，连个药都不供给，我只能自己慢慢熬，满地的鼻涕纸让我想嫁个卖纸的。其实这还不是最悲惨的，发炎的喉咙让我感到极其难受，我唯一的法子就是频率很快地并且接连不断地咽口水。最后咽得同桌用笔戳我，并故作神秘地低声耳语："哥们儿，数学老师长得再帅也已是明日黄花，山河大好，莫要卡死在这小土丘上。"

好不容易吧，嗓子稍有起色。单独评析卷子的化学老师走到我面前时却又来了句："你贫血吗？"

贫血？我说："不啊，没发现。我觉得我血挺多的，不少啊？"

化学老师关切说道："看你脸色煞白的，嘴唇也没血色。"我遥望了一眼没关上的门，淡定地说："冻的。"

但我还是秉着开诚布公的态度和家长深入地探讨了贫血问题——于是被家长架着去医院的我果然折腾出了缺铁性贫血的论

断。

"大夫，大夫！"大夫回眸一笑。"给我开张假条吧！贫血要静养对不对？贫血要静养是不是？"大夫又是回眸一笑。"贫血会头晕是不是？贫血会那什么是不是？总之，贫血很严重是不是？"大夫深情地回眸一笑，终于缓缓说道："我是脑外的，你找错人了。"

就像郭香樟在《我上高二了》里写的一般，我得贫血了，我既不高兴，也不悲哀。

桌面上偶尔出现的大枣现在已经变成了必需品，白开水也变成了红糖水。中国人的迷信，缺啥补啥，而且颜色一定要对。补铁溶剂喝起来就像熬了若干年的铁锈，我不禁怀疑此乃古代酷刑之一。而唯一不变的是我仍需要写到十二点的作业，早六晚六的作息。

初三是累的，无疑。我们都在这么一口大锅里熬啊熬啊。从小学一年级开始，家长就从锅沿上把我们抱下来，然后添水加柴，我们就真的水深火热了。我们对爬出去的那些人羡慕嫉妒恨，又感到深深的空虚寂寞冷。

不过，我还是想说，感谢贫血，让我在爬不动想偷懒的时候可以对着投来鄙夷目光的众人大喝一句："我有病！"

你有没有这样的时候

君　生

我坐在车上，车窗涌进一股冷风，刮得脸有些疼。头发也在风中散开，寂静地飘荡。

考完试，身心俱疲。几张雪白的卷子足以让我的精力消失殆尽。马不停蹄地学习就像哼哧哼哧的火车，一节一节地轧过铁轨，留下的尽是疲惫。

我只想休息，又必须去取回我的东西。

终于到达目的地的，我却突然忘记到底为什么要来这里。在这个商店里，灯火通明，每个角落都充斥着陌生的气息。我知道，这一瞬的失忆仅仅是因为刚才在车上遇见了他而已。

我们是朋友吧，或许还是好朋友。但在此之前要加个前缀"曾经"。我们的友谊就像一出戛然而止的戏剧，他莫名其妙地疏远，就这么了结了在生活中关于我与他的那些续集。

没有原因，也没有余地。

在车上，我看见他的左手边坐着一个看起来挺不错的女生，为了不打扰到他的好心情，我也很是配合地假装对他视而不见。

不想死乞白赖地要求对方对这份莫名中止的友谊会有只言片

语的解释，我就这么放开了手，甚至是冷漠地看着它就这么消失不见。

我跟许多朋友说我与他的疏离，我以为这样说出来，也许会感觉好过一点儿，事实上并没有。朋友们说，过去的，就让它过去吧。

于是我开始努力地学习，试图以此来转移我的注意力……

忽然，我看见自己搭在商品上苍白冰凉的手指，它在告诉我最近我有多宅，才能让夏天残留在皮肤上太阳的痕迹这么快褪去。连同我和他那段快乐的记忆，也随着时间的流逝而逐渐变得灰白，了无生气。

这样也好。我才能更加认真地生活，走自己的路，并且学会更好地照顾自己。

我望见拐角处的发廊里，站着一个安静的男生，剪得精致的黑发，皮肤白皙，穿着黑色的上衣和裤子，浑身散发着一股优雅的气息。

或许思考着的人都格外美丽，因为他们的灵魂都跟随着他们的思绪，一并散落在小城上空的云隙里。

我拦下回去的公交车。路灯的影子洒在我的身上，被掠过的车窗分割着。一片一片，像倾泻而下的流水，带着一抹夕阳留下的黄色，以及一些残留于地面上的温暖。

有些事情，在岁月里沉积，旧日的美好如繁花开放，而今零落成泥。那个人，那些事，那段伤害，那份失去。

下车的时候，我抬起头，看见从我面前离开的公交车的窗上映出的自己平静的面容，于是我突然明白：我喧闹的青春，也已经从我的生命中安然远去。

我想，是时候忘记了。

没有公主命，别犯公主病

天黑黑

1

小智回短信说，他现在一个人在车里面听雨声。每次下雨时，他的心也跟着潮湿起来，像泅了水的画布。

说得诗情画意的。

他太知道如何取悦女生了，知道大部分女生就算没有公主命，也要犯公主病。仿佛每个人生下来就是为了来吻醒那个受苦受难的青蛙王子的，而青蛙王子还有个漂亮的名字——

小智。

当然他的网名不叫小智，叫黑黑天，说是命中注定要遇到我。那是不是我要叫屎壳郎子，他注定就得叫滚粪球？

小智是我认识的所有男孩子中声腺最悠扬，声音最完美的一个，更何况据说还有张帅瞎半个地球人眼睛的脸。

"你说我该怎么办？"

"发生了什么事？有什么我可以帮你的？"

"谁都帮不了我。"

短信刚过来，小智就打来电话，声音低沉，似有哭音。

我压抑着"再跟老子废话，老子期末就要挂了"的心情，问："能说给我听吗？"

小智是我在网上认识的网友。没错，网友。

2

在他吧啦吧啦说着他那阴郁得像亚马孙雨季的心情时，我突然间就很想说，亲，你要不要打飞机来喝个下午茶。

我承认我太不走心了。

你说你光告诉我，你是如何如何帅，如何如何像吴彦祖，那叫你发张照片来看看你就搬出一万条理由！你发张照片会死啊！

差评！就算好评返现满百送，也必须好评后追加差评！

当然，这些都是在我得知他就是一个江湖小骗子后。

在这之前，我确实有那么一瞬间，还真以为总裁王爷高富帅，遍地桃花玛丽苏。

而且还是一个比我小两岁的小鲜肉。

我并不觉得自己可耻，没有老牛会嫌草嫩的吧！

"我不能说，怕说了后你会瞧不起我。"

瞧不起他？我已经瞧不起他了好吗？还真有自知之明。

不过，像他这种表演型人格，不去剧组领个盒饭都会觉得可惜的人，要知道我一面做着数学卷子，一面把电话开成了免提，估计要玻璃心而亡了。

"我永远不会瞧不起你。"

我敷衍着他，用眼神询问住在上铺的亮晶晶同学，那数学师太真的不是因为我们长得太漂亮，才要赶尽杀绝？

"如果你知道真相后，还愿意把我当朋友吗？"要不是为了报他之前把我当猴耍的仇，我早就直接告诉他，要说说，不说滚！废什么话！

我说是，不管发生什么事，你都是我的小智。我强忍着把隔夜饭吐出来的冲动。

完蛋了，又一道题做错了！

亮晶晶同学贼笑着，简直就是赤裸裸地嘲笑我自作孽不可活。

3

自从小智上次向我借钱，我拒绝后他便消失得无影无踪时，我便认清了他的真面目。

一个在网上靠甜言蜜语哄女孩子上当的小骗子。

当网络上肆意横行着一些聊天终结者时，像小智这种春花秋月何时了的奇异果，一下子变得弥足珍贵起来。

可就算你再珍贵，你张口和一个在校女生借钱，我也一下子就看出你猕猴桃的本质！就像你说生耗吃起来没有海蛎子味，赤贝不是大个毛蚬子一样。

我就呵呵了。你是在逗我吗？

好吧，言归正传。

反正在他跟我借钱，突然断了联系后，又哪根神经搭错地联系上我。

骗子的脑回路不是我等区区凡人所能理解的。

也许，他终于发现其实我是一支潜力股，又或者认定了我是那种和熟人凑钱然后借给陌生人的傻蛋？

管他的！我只要捂紧自己的钱包，就算你手伸得再长，我也照样把你剁成八瓣！

他问我女孩子对自己的初吻是不是看得很重要。

初吻？我刚生下来就被我爸亲了算不算？还有四岁时被邻居小伙伴强吻了，我现在可以去告他吗？

他到底想干what？！

见我没反应，他也开始不出声。我们不约而同地变成了沉默的羔羊。

估计他在营造气氛，而我在横扒拉竖挡亮晶晶同学不劳而获的可耻行径。你说我都这样了，你不问候一下我那颤抖得想要发狂的小心灵，还好意思一目十行地抄我的数学卷子！

时间一分一秒地过去，他这是在搞什么扑棱蛾子？又没旁白啥的，内心戏不是这样演的啊！

我快耗不下去的时候，他终于又说话了。

4

他说我不知道怎么会这样，我真的不知道，我……

至此，我终于明白了贱人就是矫情说的就是他这种人。

你说你又不是方便面，我们又没有组团泡你的冲动，你在那儿叽叽歪歪、欲说还休的，有劲吗你！

"虽然我不是女孩子，可是我对自己的初吻也看得很重要。"哎，我去！绕了这么久，绕得我肠子都快痉挛了，我终于知道了事情的真相！

对不起，请原谅我笑场了。

虽然我也不是个随便的人，可问题是你现在是十八岁，而不是八岁，至于一个初吻就要上吊自杀人肉炸弹吗？

事后亮晶晶问我，你相信他说的鬼话吗？我说这种问题还需要问吗！智商和你一样，都被狗吃了！

"我的初吻竟然给了一个陌生人，我到现在都不相信这是真的，我该怎么办？"

怎么办？难道还有比凉拌更好的吃法吗？

对不起again，我怎么能把这么严肃的问题和吃联系在一起呢？不过，他的骗术还真是帅出宇宙新高度！

"考完试后同学拖我去喝酒，他们把我灌醉了，当时还有一群乱七八糟的人，有个女生就跑过来说喜欢我……"

等一下等一下，就是被一女生给夺走了他的初吻，就至于这么哭鼻子抹泪的，不知道的人还以为他被……

"怎么办？我回家后就一直洗，一直洗，洗到嘴唇出血，可还是不行，我感觉自己被玷污了……"

本来抄数学卷抄得正欢的亮晶晶同学，在听到玷污两个字时，瞬间笑出两管宽面条泪。

"可是，我的初吻是留给我最爱的人，那个人——"

Cut！Cut！Cut！

我已经把手放在了挂断键上，这下半学期，还让不让我在食堂好好吃顿饭了！

亮晶晶眼疾手快，及时制止了我这种不利于共建和谐社会的行为，用口形告诉我："你就让他说出来，不就是想把初吻留给你吗？"

留什么留！

我连他是人是鬼都不知道，还初吻，不恶心我能少块肉啊！

5

通过他声泪俱下的一番动情描述，我基本上明白了他的大概"遭遇"。

也就是说，他在一次非主观人为性的不由自主的情况下，发生了一起不该发生的意外，而且这次意外给他的身心带来了巨大的伤害，甚至已经影响到了他正常学习和生活。

挂了电话，我在想他这次的目的是什么呢？

如果是骗钱，大可以像上次那样说自己想提前创业向我借钱，何苦要编这样一个没营养的故事。

亮晶晶说这你就不懂了，他编故事自有他编故事的道理，只要你坚信自己是个冷血动物，不会因为癞蛤蟆伪装成青蛙王子，就心神大乱不就得了。

也是。不过，她这是在夸我还是损我？

喂……电话里仍是低沉而哽咽的声音。

我说你贵姓啊？

别逗了，宝宝。

我说那你叫什么啊？

他略迟疑了一下，说怎么了，别开玩笑了，我是小智啊。

我说原来你叫小智啊。

我当然叫小智啊，要不然叫什么？

我说不管你叫杨大智，还是杨什么智，又或者什么金刚葫芦娃，反正就是不能叫杨小智！

怎么这么说？他在电话那头尴尬地笑。

我说你给我打电话的座机根本不是你说的交通大学，而是××房屋中介。

你怎么知道？

我说我查了114。不光查了你们学校，还顺便查了你们家电话，我觉得下次周星星完全可以找我拍大内密探啊。

哦，忘了说那个房屋中介是我们学校下属产业。

我说原来学校还有第二副业，卖房子啊。

我真的没骗你，从在网上和你说的第一句话到现在，我发誓我从没骗过你！

小智，小智，很好听的名字。你说你怎么就想到起这样一个名字。

这有什么奇怪的，名字是父母给起的。

明知道他连名字都是假的，可现实哐唧一声砸你脸上时，你还是想抽他两个大嘴巴子！

你找哪位？杨小智？我们这儿没这个人，你打错了。

谁？杨小智？不是说了吗，我们这儿没这个人！

他杨小智千算万算，没想到我会在未接电话一个小时后又回拨了过去。

事实教育我们，当你脸上写了骗子两个字时，用一个手机号就完全OK了，别没事整那么多座机给自己添堵。

疯癫小日子

二　笨

早上醒来时发现家里安静得简直诡异，我在矛盾纠结了整整二十分钟后才想起，凌晨的时候爸妈好像跟我说过他们临时要去某某家，今天一天都不回来了，让我好好看家。我恍惚记得我老妈好像忧心忡忡地嘱咐了我一大堆话，只可惜当时我正在对着周公犯花痴，跟老妈的对话也仅限于"嗯嗯，啊啊，我知道"，至于她具体跟我说了什么，我就一个字都不记得了。"但愿不要是什么重要的事儿，不然我妈回来后发现我根本没听她说话，我一定吃不了兜着走。"

但是……今天我家就我一个人啊！

幸福的原子弹在我的胸腔中瞬间爆炸，有爱的核辐射迅速扫过我身上的每一个细胞。我果断抛弃被子，光着脚丫，穿着睡裙，顶着一个凌乱的发型，雄赳赳、气昂昂地奔向我家的电脑。

我亲爱的电脑啊，好久不见，我都想死你了啊！我挂着欣慰的笑容，进贴吧，挂QQ，其熟练程度绝不比任何一个电脑控差。但奇怪的是，今天我刚一上线，电脑右下角的小喇叭就滴滴答答地响个不停，大有要一掌把我拍在沙滩上的气势。呃……我一不是萝莉二不是萌丫，加我的人咋就这么多，难道今天我人品大爆发？点开一个申请，只见验证消息一栏中赫然写着三个大字：找二笨。

哦，原来这个是专门找我的呀，估计是哪个同学吧？我安抚了下正迎风起舞的头发，点开下一条。

"找二笨！"

再下一条。"找二笨！"

再再下一条"找二笨！！！"

"找二笨笨笨笨笨……"这……都是找我的？

又有东西凌乱了，但这回不是头发，而是我本来就不怎么灵敏的反射神经。嗯，我一定是在做梦。我站起身来，一个九十度的华丽转身，嘭的一声撞上我家的玻璃门。

"啊！"事实证明，我家的玻璃绝对是手续齐全物美价廉的高质量商品，直接证据就是它经过我这么癫狂地一撞后，不但纹丝不动，而且瞬间就在我脑袋上建起一个大包，借此彰显它本来就很强大的存在感。

俺的神呐，真的不是我在做梦！我用手粗暴地揉了揉头上的包，顺便量了下体温，确定我也没有发烧。这个世界太疯狂了，我二笨都给猫当伴娘了！坐回电脑前，我努力平复了一下自己那颗激动的心，假装淑女地一条一条处理着各种申请。QQ贴吧、微博一条龙回复下来，时间已经过去了两个多小时。我起身收拾了下课本，准备下午的课程。

但是上网的后遗症很快就发作了，一上午看见了太多对话框，其导致的直接后果是我下午看见什么东西都觉得别扭。无奈之下，我从我家的旧物柜翻出来一副我哥的平光黑框眼镜戴上，好让我看见的所有东西看起来都框在一个对话框里。同时我在兜里放了一个鼠标形涂改带，以防我看见什么东西感觉不爽，可以现场把它关掉。

依我看，我的自我安慰法还是有效的，至少在我戴上这些不伦不类的装扮后，自觉我的言行举止已基本恢复到了一个正常人应有的状态。但是我这样认为，并不能代表别人也这样认为。我同桌就是这样一个没见过市面的小朋友，这倒霉孩子从上课就一直盯着我看到下课，幸好我面部脂肪非常厚，不然非得被她的目光戳出一个洞来。下课时我严厉责问她要干吗。这家伙竟然面露惊恐，"我看你三秒钟一小笑，五秒钟一大笑，真怕你出事……"我正感动得热泪盈眶，她又不知死活地接了下一句，"万一你是癫痫发作，伤到我怎么办？"唉，你这没良心的！我把手伸进兜里，狠狠地点了几十下鼠标，可悲的是我同桌那张欠扁的脸还是那么自在地在我面前晃悠来晃悠去，根本没被关掉！罢了罢了，看在我今天心情好，不与她计较。

但是，出来混真的是要还的。晚上我刚一进家门，就看见老妈两手叉着腰，双眼瞪得溜圆，以一种比忐忑还忐忑的奇怪分贝向我咆哮："说，你今天是不是玩电脑了？"一切真相大白，其实我老妈早上嘱咐我的那句话就是命令不许我玩电脑，而我今天的行为无疑是直接撞上了枪口，至于我妈她老人家怎么收拾我，为了各位以后的人身安全，在此我还是消音吧！

次日00：27，我很神经质地从被窝里爬起来发了条微博：亲爱的各位哥哥姐姐弟弟妹妹们，磨叽了这么多，其实我就想说两句话：1. 谢谢你们喜欢我；2. 其实我也喜欢你们所喜欢的那个我。